PARIS

GÉRARD DHÔTEL

LES ESSENTIELS MILAN

Sommaire

Les mots suivis d'un astérisque (*) sont expliqués dans le glossaire.

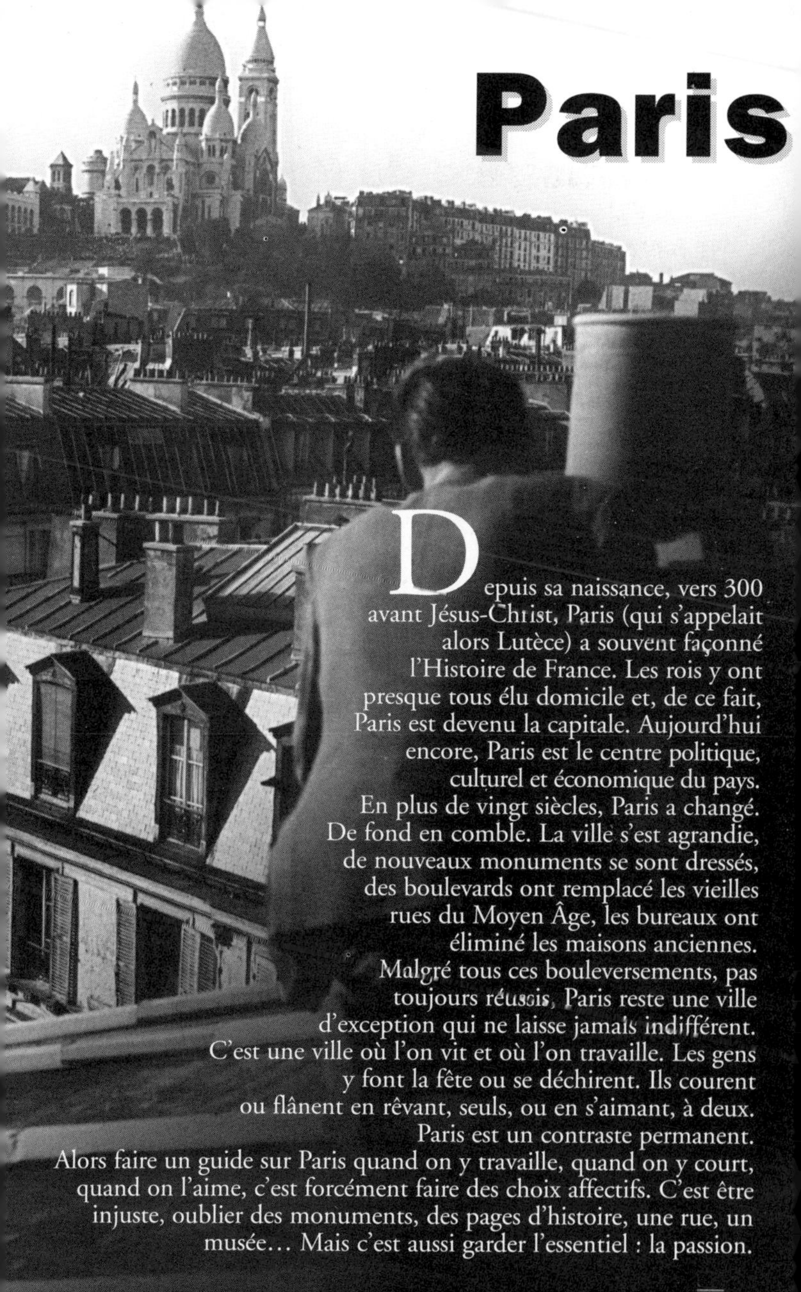

Paris

Depuis sa naissance, vers 300 avant Jésus-Christ, Paris (qui s'appelait alors Lutèce) a souvent façonné l'Histoire de France. Les rois y ont presque tous élu domicile et, de ce fait, Paris est devenu la capitale. Aujourd'hui encore, Paris est le centre politique, culturel et économique du pays.

En plus de vingt siècles, Paris a changé. De fond en comble. La ville s'est agrandie, de nouveaux monuments se sont dressés, des boulevards ont remplacé les vieilles rues du Moyen Âge, les bureaux ont éliminé les maisons anciennes.

Malgré tous ces bouleversements, pas toujours réussis, Paris reste une ville d'exception qui ne laisse jamais indifférent.

C'est une ville où l'on vit et où l'on travaille. Les gens y font la fête ou se déchirent. Ils courent ou flânent en rêvant, seuls, ou en s'aimant, à deux.

Paris est un contraste permanent.

Alors faire un guide sur Paris quand on y travaille, quand on y court, quand on l'aime, c'est forcément faire des choix affectifs. C'est être injuste, oublier des monuments, des pages d'histoire, une rue, un musée… Mais c'est aussi garder l'essentiel : la passion.

La naissance de Paris

En 52 avant J.-C., les Romains se sont installés dans un village habité par la tribu des Parisii. Ils l'appelèrent Lutèce. Plusieurs centaines d'années après, les Francs en firent la capitale de leur royaume et l'appelèrent Paris.

Les Parisii s'installent

Vers 300 avant J.-C., les Parisii, une petite tribu venue des bords du Rhin, s'installent sur ce qui est aujourd'hui l'île de la Cité. Ils sont battus en 52 avant J.-C. par les légions romaines de Jules César. Leur village est détruit et ne sera reconstruit qu'un siècle plus tard, par les Gallo-Romains.

La Lutèce gallo-romaine

La ville reconstruite prend le nom de Lutetia (Lutèce, qui signifie « habitation au milieu des eaux »). Les Gallo-Romains s'aventurent sur la rive gauche de la Seine, le long de ce qui est aujourd'hui la rue Saint-Jacques. Ils y construisent des temples, des arènes, des thermes, des villas… La crypte du parvis de Notre-Dame ainsi que les thermes de Cluny contiennent des vestiges de cette époque. La Lutèce gallo-romaine devient une ville prospère.

À partir de l'an 150, la toute nouvelle religion chrétienne s'introduit peu à peu en Gaule romaine. De nombreux chrétiens sont condamnés à mort et sacrifiés dans les arènes. En 250, saint Denis, le premier évêque de Lutèce, est décapité sur la butte Montmartre. La légende raconte que le martyr chrétien a ramassé sa tête ensanglantée et s'est dirigé vers le nord, jusqu'à un lieu qui deviendra Saint-Denis. Une église sera construite à cet emplacement en 475.

Quelques années après, vers 280, des barbares arrivent de l'est. Les habitants de Lutèce sont en danger. Ils se replient sur l'île de la Cité qu'ils entourent de fortifications. C'est la première enceinte de Paris.

Les arènes de Lutèce ont été construites au IIe siècle. Elles accueillaient des représentations théâtrales et les jeux du cirque.

La menace des Huns

Parmi ces « barbares », il y a les Huns, cavaliers surgis de Mongolie et emmenés par Attila. Au printemps de l'an 451, ils sont à quelques kilomètres de Lutèce, devenue, en 360, Paris. Les Parisiens veulent fuir. Les femmes, emmenées par une certaine Geneviève, prient Dieu. Miracle ! Les Huns renoncent à foncer sur Paris et bifurquent vers la Loire. Ils seront battus quelques mois plus tard près de Châlons-sur-Marne.

Les Parisiens en sont persuadés : ce sont les prières et la foi de Geneviève qui ont sauvé leur ville. La jeune fille deviendra une sainte et la patronne de Paris. À sa mort, en 512, elle sera enterrée auprès de Clovis sur ce qui deviendra la montagne Sainte-Geneviève, à l'emplacement de l'actuel lycée Henri-IV.

Devenu empereur en 800, Charlemagne a préféré s'installer à Aix-la-Chapelle. Sa statue se trouve sur le parvis de Notre-Dame.

La capitale de Clovis

En 508, Clovis, roi des Francs, fait de Paris sa capitale. Converti à la religion chrétienne, il fonde en 510 une abbaye en l'honneur de sainte Geneviève.

En 543, Childebert, fils de Clovis, de retour d'Espagne, fait construire un monastère en pleine campagne, à Saint-Germain-des-Prés. Il y fait déposer un fragment de Croix. L'église reçoit les restes des souverains mérovingiens jusqu'à Dagobert qui a choisi de reposer à Saint-Denis. Plus tard, les Carolingiens abandonneront Paris dont l'influence décroît. Ce n'est qu'en 888 que Paris retrouvera de son importance. Cette année-là, les Grands du royaume élisent un nouveau roi, Eudes, comte de Paris, qui a repoussé à plusieurs reprises d'autres envahisseurs, les Normands. Paris redevient la capitale du royaume dirigé par les Capétiens.

Les premiers habitants, les Parisii, vivaient sur l'île de la Cité. Les Romains étendirent Lutèce et en firent une vraie ville. Clovis fit de Paris la capitale du royaume franc qui, en 888, devint le centre politique de la dynastie des Capétiens.

L'église de Saint-Denis a été érigée en 475. Dagobert Ier la fera rebâtir en 630. Une communauté bénédictine s'y installa alors.

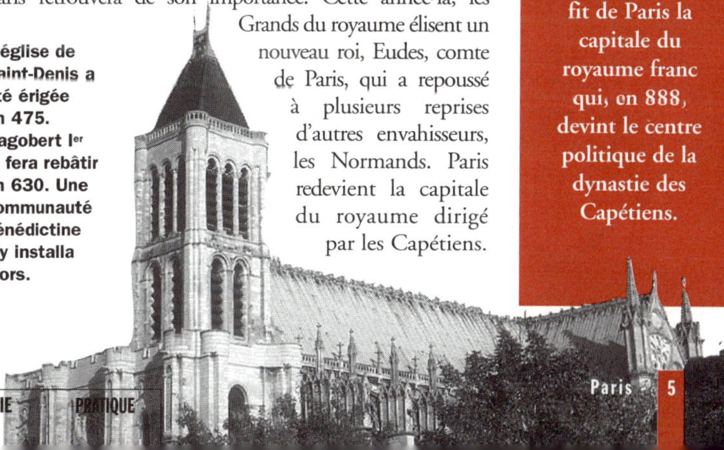

Paris, capitale de la France

Au XIIe siècle, grâce à Philippe Auguste et à Saint Louis, Paris est devenu le lieu de rencontre des grands esprits de l'époque ainsi que le centre du pouvoir politique. Son rayonnement sera provisoirement ébranlé par la guerre de Cent Ans.

Château de Vincennes.

Le premier Louvre

L'Église catholique joue au XIIe siècle un rôle majeur dans la vie intellectuelle et spirituelle du royaume de France. Des cathédrales de plus en plus vastes sont construites un peu partout. À Paris débute en 1163 la construction de Notre-Dame. Il faudra 170 ans pour la terminer. En 1167, Louis VII fait construire des halles sur la rive droite. Mais c'est son fils, Philippe Auguste, qui se révèle l'un des grands bâtisseurs de Paris. En 1183, il fait paver les rues et construire une nouvelle enceinte pour renforcer les défenses de la ville. Il élève près de la Seine une forteresse avec un donjon : le Louvre. Le roi continue à habiter au palais de la Cité mais abrite au Louvre son trésor et ses archives.

En 1118, la première université de Paris est édifiée sur la montagne Sainte-Geneviève. Le théologien et philosophe Pierre Abélard (celui qui aimait Héloïse), chassé du cloître Notre-Dame, y installe 3 000 étudiants.

Le Paris de Saint Louis

Louis IX, dit Saint Louis, a lui aussi laissé son empreinte sur Paris. En 1252, son confesseur, Robert de Sorbon, fonde un collège pour des étudiants en théologie pauvres. La Sorbonne est née. Les étudiants parisiens s'installent au Quartier latin (on y enseigne en latin le droit, la médecine, la théologie et les arts).

Le roi fait construire en 1246 la Sainte-Chapelle, réservée à la famille royale. En 1254, il fonde l'hôpital des Quinze-Vingt pour 300 (15 x 20) aveugles.

La guerre de Cent Ans

Paris, comme le reste de la France, va connaître à partir de 1337 une période de troubles, avec notamment la guerre de Cent Ans. En 1348, la peste noire tue des milliers de Parisiens.

Le 22 février 1358, des émeutiers emmenés par Étienne Marcel s'introduisent dans le palais du roi occupé par le Dauphin, le futur Charles V, qui dirige le royaume pendant la captivité de son père Jean le Bon chez les Anglais. Charles V quitte ce palais pour s'installer à l'hôtel Saint-Paul, dans le Marais, ou au château de Vincennes. Il fait également construire une nouvelle enceinte qui part du Louvre pour aller jusqu'à la forteresse de la Bastille.

La Sainte-Chapelle.

La guerre entre Français et Anglais fait rage. En 1420, les Anglais occupent Paris. Henri VI se fait couronner roi d'Angleterre et de France à Notre-Dame. Charles VII s'est réfugié à Bourges. Jeanne d'Arc tente en vain d'entrer dans Paris en 1429. Le roi reprend sa capitale en 1437. La guerre ne se terminera qu'en 1453. Paris est en ruine.

Les rois Philippe Auguste et Saint Louis ont embelli Paris en lui donnant Notre-Dame, la Sainte-Chapelle, le Louvre et la Sorbonne. La guerre de Cent Ans ruina la capitale du royaume. François Ier lui a redonné une nouvelle vie.

Renaissance à Paris

Louis XI contribue à sa reconstruction. Son fils, François Ier, revient vivre quelque temps au Louvre qu'il modifie considérablement, mais il va très vite résider au bord de la Loire. Il prend tout de même le temps de fonder le Collège de France.

Son fils, Henri II, meurt au cours d'un tournoi, rue Saint-Antoine, en 1559. La même année, les travaux du Louvre, commencés en 1546, se terminent. La veuve d'Henri II fait construire, juste à côté, le palais des Tuileries. Paris est redevenu le centre du pouvoir politique. On l'appelle la « Seconde Rome ».

Paris déchiré

La Saint-Barthélemy, la Fronde, la Révolution : de 1572 à 1794, trois périodes dramatiques pendant lesquelles les Parisiens se sont déchirés, sans pour autant que ces troubles empêchent Paris de continuer à s'agrandir.

La Saint-Barthélemy

Dans la nuit du 24 août 1572, les cloches de Saint-Germain-l'Auxerrois donnent le signal du massacre des protestants décidé par Catherine de Médicis. Plus de 3 000 personnes sont tuées. Cette journée reste l'un des épisodes les plus tragiques des guerres de Religion.

En 1588, les catholiques se rebellent contre le roi Henri III jugé trop tolérant vis-à-vis des protestants. Ils forment une Ligue dirigée par Henri de Guise. Le 12 mai, « journée des barricades » : Henri III fuit à Blois. Il tente de revenir à Paris en 1589 mais il est assassiné. Après des années de troubles, Henri IV, devenu roi de France, est accueilli dans la capitale le 22 mars 1594. Il fait construire la place Dauphine, la place Royale (future place des Vosges), le bâtiment de l'Arsenal et inaugure le Pont-Neuf. Il sera assassiné le 14 mai par Ravaillac, rue de la Ferronnerie.

La Fronde

Le règne de Louis XIII est marqué par la construction du palais du Luxembourg, du Palais-Royal par Richelieu, et de nombreuses demeures sur l'île Saint-Louis.

À la mort du roi, en 1643, Anne d'Autriche devient régente et gouverne avec Mazarin. En 1649, les Parisiens, emmenés par des nobles hostiles à Mazarin, se révoltent. Des barricades se dressent dans les rues de Paris. Le signe de ralliement des insurgés est un jouet : la fronde. Le 6 janvier 1649, Anne d'Autriche, le jeune Louis XIV (il a 11 ans) et Mazarin quittent Paris.

Louis XIV n'oubliera jamais cette fuite en pleine nuit. Il fera construire le château de Versailles qu'il ira habiter en 1680. Il ne reviendra jamais à Paris. Malgré tout, il fait aménager le Louvre, le collège des Quatre-Nations (futur Institut), la place Vendôme et la place des

Victoires. Il fait bâtir les Invalides pour abriter ses vieux soldats.
Louis XV fait édifier à Paris le Panthéon et aménager la future place de la Concorde. Les écrivains et la plupart des nobles restent dans la capitale. Ils se réunissent dans les salons pour causer philosophie.

Le Procope, premier café de Paris, ouvert en 1686, sera fréquenté notamment par Voltaire et Rousseau.

La Révolution

En 1784, un nouveau mur émaillé de barrières à péage est construit autour de Paris. Cette enceinte, dite mur des Fermiers généraux, mécontente fort les Parisiens.
En juillet 1789, le peuple de Paris s'inquiète. Louis XVI a envoyé des troupes à Paris. Le 14, les Parisiens prennent des armes aux Invalides et attaquent la prison de la Bastille, symbole du pouvoir absolu. La garnison est massacrée. Ce n'est plus une révolte, c'est une révolution.
Le lendemain, Paris a son premier maire, Jean-Sylvain Bailly. Le 6 octobre, les Parisiennes vont chercher la famille royale à Versailles pour la ramener aux Tuileries.
Paris devient le théâtre de la Révolution. La fête de la Fédération (14 juillet 1790) est célébrée sur le Champ-de-Mars. L'Assemblée constituante se réunit au manège des Tuileries. La famille royale est enfermée dans la tour du Temple. Louis XVI est guillotiné place de la Révolution (Concorde) le 21 janvier 1793. La guillotine servira aussi pour Marie-Antoinette, puis pour les révolutionnaires Robespierre, Danton et bien d'autres. En tout, plus de 1 300 victimes.

***Ci-dessous* : La prise de la Bastille.**

Le massacre de la Saint-Barthélemy, pendant les guerres de Religion, a marqué pour toujours la mémoire de Paris. Paris est ensuite abandonné par Louis XIV. Puis, Paris se révolte contre la monarchie. C'est la révolution de 1789 avec la prise de la Bastille.

Le Paris d'Haussmann

Napoléon Ier – Napoléon III : en moins d'un siècle, la population triple pour atteindre le million et demi d'habitants. Et Paris se métamorphose sous la baguette architecturale du baron Haussmann.

Le règne de Napoléon

1799 : la période révolutionnaire laisse la place à la période napoléonienne. Napoléon Bonaparte devient empereur en 1804. Il fait construire la colonne de la place Vendôme, l'église de la Madeleine, la Bourse, l'aile nord du Louvre, l'arc du Carrousel et surtout l'Arc de Triomphe. Les maisons sont numérotées : numéros pairs à droite, impairs à gauche en partant de la Seine ou en suivant son cours.

En 1814, les pays européens alliés contre Napoléon s'emparent de Paris. L'empereur abdique et part pour l'île d'Elbe. Il tentera un retour le 1er mars 1815 qui ne durera que cent jours.

Les derniers rois

On ne retiendra du passage de Louis XVIII (1814-1824) que la création des canaux de l'Ourcq, de Saint-Denis et de Saint-Martin.

En 1830, Charles X mécontente les députés, qui se fâchent. Le 27 juillet, les Parisiens dressent des barricades. Le 29, ils s'emparent du palais Bourbon et du Louvre. Ces journées d'insurrection ont été appelées les « Trois Glorieuses ». Charles X fuit.

Le règne du dernier roi, Louis-Philippe, débute par une épidémie de choléra qui tue, en 1832, 19 000 Parisiens. En 1833, l'Obélisque est érigée place de la Concorde. En 1841, Thiers fait cerner la ville et des villages alentour d'une nouvelle enceinte qui suit le tracé des actuels boulevards des Maréchaux.

Le 23 février 1848, les Parisiens se dressent contre le pouvoir jugé trop autoritaire de Louis-Philippe. Ils défilent sur le boulevard des Capucines. Les forces de police tirent.

***Page de droite* : Plusieurs monuments de Paris ont brûlé pendant les derniers jours de la Commune : l'Hôtel de Ville, les Tuileries, le Palais-Royal…**

Des barricades sont dressées. Louis-Philippe abdique, Lamartine proclame la République. Le 10 décembre, Louis-Napoléon Bonaparte est élu président de la République. Quatre ans plus tard, il rétablit l'Empire.

Napoléon est sacré empereur le 2 décembre 1804 à Notre-Dame. Le tableau de David montre Napoléon couronnant Joséphine avant de se couronner lui-même.

Les travaux d'Haussmann

En 1852, le préfet de la Seine, le baron Haussmann, lance de gigantesques travaux d'urbanisme. En moins de dix ans, Paris change de visage. Les vieilles rues étroites et plusieurs édifices sont détruits pour laisser la place à de grands boulevards (Saint-Germain, Sébastopol, Magenta et… Haussmann). On construit des gares et l'Opéra (ou palais Garnier), on installe des égoûts, on aménage des jardins (Buttes-Chaumont, bois de Boulogne et de Vincennes) et on achève le Louvre. Baltard utilise des structures métalliques pour bâtir des pavillons aux Halles.

En 1860, après l'annexion de onze communes, Paris est divisé en vingt arrondissements. Les premiers grands magasins voient le jour : le Bon Marché en 1852, le Printemps en 1865, La Samaritaine en 1869.

Napoléon voulait faire de Paris la capitale du monde. Il a surtout réussi à faire la guerre et à la perdre. Sous le règne de son neveu, Napoléon III, le baron Haussmann transforme la ville en une agglomération percée de larges boulevards.

La Commune

Le 4 septembre 1870, après la défaite de Sedan face aux Prussiens, la République est proclamée. Mais la guerre continue. Paris est assiégé. Les Parisiens, affamés, mangent des rats et les animaux du Jardin des Plantes.

Le 28 janvier 1871, Paris capitule. Le peuple en colère s'empare du pouvoir et instaure la Commune. Le 21 mai, l'armée de Thiers (chef du pouvoir exécutif installé à Versailles) entre dans Paris. Les Communards résistent. Le 27 mai, les derniers Communards tombent au Père-Lachaise. 147 survivants sont fusillés devant le mur des Fédérés. Cette révolte fit en tout 25 000 morts.

Belle Époque et années noires

Entre 1871 et 1914, puis de 1918 à la fin des années 30, Paris fait la fête, légèrement insouciant. Entre-temps, une guerre a ravagé le pays et menacé Paris. En 1940, de nouveau, les armes parlent. Cette fois-ci, Paris est occupé.

La Belle Époque

La fin du XIXe siècle et le début du XXe siècle sont des années de fête à Paris. Les expositions universelles se succèdent. 1878 : on construit le palais du Trocadéro. 1889 : une drôle de tour en fer imaginée par Gustave Eiffel se dresse dans le ciel. La fin du siècle est joyeuse. Les Parisiens vont faire des emplettes dans les grands magasins, danser au Moulin-Rouge dans le quartier à la mode de Montmartre et assistent aux débuts du cinématographe. Des mauvais garçons qu'on appelle les Apaches rôdent dans les faubourgs.
Une ombre au tableau, pourtant : l'affaire Dreyfus.

L'Expo de 1900

L'Exposition universelle ouvre ses portes le 14 avril 1900. Elle accueillera plus de 50 millions de visiteurs. Elle permet la construction du Grand Palais et du pont Alexandre-III, bâti en l'honneur du tsar de Russie. Paris organise aussi les IIes jeux Olympiques. Le 19 juillet 1900, la première ligne du métropolitain, Porte Maillot-Porte de Vincennes est inaugurée.
Janvier 1910 : Paris a les pieds dans l'eau. La Seine déborde. La crue atteint 8,76 m : un record !

Années de guerre

1914 : la guerre menace. Le 31 juillet, un de ses principaux adversaires, Jean Jaurès, directeur du journal *L'Humanité*, est assassiné au café du Croissant. Le 3 août, l'Allemagne déclare la guerre à la France. En septembre, les troupes allemandes menacent Paris, mais elles sont arrêtées sur la Marne.

En juin 1918, la « Grosse Bertha », canon allemand, tire sur la capitale : plus de 250 Parisiens sont tués. Les Allemands menacent à nouveau Paris. Foch les arrête. La guerre se termine le 11 novembre 1918. Le 14 juillet 1919, les Parisiens acclament les vainqueurs sur les Champs-Elysées. Le 11 novembre 1920, la dépouille du soldat inconnu est déposée sous l'Arc de Triomphe.

La terrasse du palais de Chaillot, bâti en 1937, domine de belles fontaines, la Seine et la tour Eiffel.

Les années folles

Paris veut oublier la guerre. Les Folies-Bergères ne désemplissent pas. Les Parisiens applaudissent Mistinguett, Joséphine Baker et Fréhel et dansent sur des airs de musette, de java, de tango et de charleston. L'exposition Art déco de 1925 consacre le luxe des « années folles ». Paris attire les artistes du monde entier : Hemingway, Picasso, Miller hantent les nuits de Montparnasse.

Le 6 février 1934, prenant prétexte de scandales financiers dans lesquels sont impliqués des ministres, les ligues d'extrême droite manifestent à la Concorde. Les gardes mobiles tirent : 20 morts. Le climat devient de plus en plus tendu en Europe. Paris s'offre néanmoins en 1937 une exposition internationale des arts et techniques qui permet aux visiteurs de découvrir le nouveau palais de Chaillot. C'est la dernière grande réjouissance avant la Seconde Guerre mondiale.

Les années noires

14 juin 1940. Moins d'un an après le début de la guerre, les Allemands s'installent à Paris. Pendant plus de quatre années, les Parisiens vivront sous l'Occupation.

1944. Le 6 juin, les Alliés débarquent en Normandie et commencent à libérer le territoire.

Le 18 août, la Résistance combat dans les rues et Paris se libère. Le 25, la capitale acclame le général de Gaulle.

Ci-dessous **:**
Paris s'est libéré de l'occupation allemande pratiquement seul. Le 25 août 1944, les Parisiens accueillent triomphalement le général de Gaulle.

> La Belle Époque, ce sont les années 1890-1914 : Paris étincelle de joie de vivre. La Première Guerre mondiale vient gâcher la fête, qui reprend après 1920. Ce sont les années folles, et les artistes du monde entier s'installent dans la ville-lumière.

Paris, aujourd'hui

Après les années noires de la Seconde Guerre mondiale, Paris renaît et se modernise. Les différents présidents de la République ont voulu transformer la capitale en la dotant de nouveaux monuments. Le Paris des années 1950-1990 a également connu son lot d'agitation.

Les années De Gaulle

Le général de Gaulle s'intalle à l'Élysée en janvier 1959. À peu près à la même époque, le siège de l'UNESCO est inauguré place de Fontenoy, et le CNIT s'ouvre dans le nouveau quartier de la Défense. En 1961, Paris reçoit le président américain Kennedy. Le 17 octobre de cette même année, en pleine guerre d'Algérie, des dizaines de manifestants algériens sont tués par les forces de l'ordre dans les rues de la capitale. Nouveau drame, le 8 février 1962 : à la suite d'une charge de la police, des manifestants anti-OAS tentent de se réfugier dans le métro Charonne. Neuf personnes meurent, écrasées. L'année 1963 est notamment marquée par un concert rock monstre, le 22 juin, place de la Nation. Des milliers de jeunes applaudissent Johnny. Le 14 décembre, la maison de la Radio est inaugurée. L'année suivante, c'est le plafond de la salle de l'Opéra (ou palais Garnier), peint par Chagall, qui est montré au public.

Mai 68

Le 3 mai 1968, des étudiants manifestent dans le Quartier latin, autour de la Sorbonne. Les manifestations se succèdent à Paris puis dans toute la France. La jeunesse française se révolte. La nuit des barricades (10 et 11 mai) fait près de 400 blessés. De nombreux étudiants sont arrêtés. La Sorbonne et le théâtre de l'Odéon sont occupés. Le 13 mai, une énorme manifestation de 800 000 personnes se déroule de République à Denfert-Rochereau. Mai 68 se termine le 30 mai par un défilé pro-De Gaulle sur les Champs-Elysées. Mai 68 laissera des marques. De Gaulle quittera l'Élysée l'année suivante.

Le palais de l'Elysée est, depuis 1873, la résidence du président de la République. Il a été construit en 1718 pour la marquise de Pompadour. Le Premier ministre réside à l'Hôtel Matignon, rue de Varenne.

Les années 70

Les années Pompidou transforment Paris. Le RER circule à partir de 1970, le périphérique voit le jour en 1973, la tour Maine-Montparnasse est terminée cette même année, l'aéroport Charles-de-Gaulle à Roissy est inauguré en mars 1974.

Le milieu des années 1970 est endeuillé par plusieurs attentats, au drugstore Saint-Germain, à Orly, à la gare de l'Est. Un autre attentat aura lieu en 1980, devant la synagogue de la rue Copernic.

La présidence de Valéry Giscard d'Estaing est marquée sur le plan parisien par la naissance de la carte orange (juillet 1975), l'ouverture du centre Pompidou (janvier 1977) et surtout par l'élection du premier maire de Paris. Depuis 1800, le pouvoir était détenu, à Paris, par un préfet. Élu en 1977, Jacques Chirac restera maire de Paris jusqu'en 1995.

Les années Mitterrand

Le premier septennat de François Mitterrand commence par une grande manifestation à la Bastille, le 10 mai 1981. D'autres rassemblements auront lieu les années suivantes : les fêtes de la musique en juin, les fêtes de SOS Racisme, la grande manifestation contre le projet Savary le 24 juin 1984, les manifestations d'étudiants en 1986, les fêtes du bicentenaire de la Révolution française en juillet 1989, la fête à la Concorde pour l'élection de Jacques Chirac en juin 1995.

Des attentats ont encore ensanglanté les rues de Paris au cours des années 80, rue Marbeuf, rue des Rosiers, rue de Rennes et durant l'été 95 dans le RER et place de l'Étoile.

De nombreux monuments ont été inaugurés durant ces années 1980-90 : le Forum des Halles, le palais de Bercy, le Grand Louvre, l'Opéra Bastille, l'Arche de la Défense et bien d'autres.

Paris a beaucoup changé ces quarante dernières années. De nouveaux monuments ont vu le jour et la capitale de la France a maintenant un vrai maire. Paris est plus que jamais le centre politique du pays.

Visite en un jour

Avec de bonnes chaussures, du courage, l'envie de découvrir, un bon plan et ce guide, vous pouvez visiter l'essentiel de Paris en une journée. L'itinéraire que nous avons choisi fait toutefois l'impasse sur certains quartiers de la capitale.

Paris la nuit

Si vous circulez en voiture, il est conseillé d'effectuer un "Paris by night". La plupart des monuments sont illuminés jusqu'à minuit. Attention aux embouteillages du vendredi et du samedi soir.

10 h : départ, Charles-de-Gaulle

Quand vous sortez de la station Charles-de-Gaulle (ex-Étoile), commencez par lever la tête vers l'Arc de Triomphe, c'est une bonne entrée en matière. Ensuite, laissez-vous happer par l'avenue des Champs-Élysées récemment rénovée. Jusqu'au rond-point, ce ne sont que magasins, restaurants, cinémas. Ne ratez pas le Fouquet's, le Virgin Megastore, achetez un sandwich pour le futur pique-nique.

Arrivé place Clemenceau, prenez à droite pour admirer le Grand Palais et, plus loin, le pont Alexandre-III. La perspective dévoile également la tour Eiffel et les Invalides. Revenez sur vos pas, traversez l'avenue et allez jusqu'à l'Élysée.

Pour rejoindre la Concorde, prenez les promenades des Champs-Elysées.

Midi : Tuileries et Louvre

De la place de la Concorde, vous apercevrez la Madeleine. Installez-vous dans le jardin des Tuileries pour un pique-nique mérité et nécessaire avant d'affronter le musée du Louvre que vous rejoindrez par le Carrousel.

Comptez environ deux heures de visite au Louvre.

15 h : l'île de la Cité

Flânez tranquillement du côté du Palais-Royal voisin du Louvre. Au bout de l'avenue de l'Opéra, vous devinerez l'Opéra (palais Garnier). Prenez la rue de Rivoli, passez devant Saint-Germain-l'Auxerrois et longez la Seine jusqu'au Pont-Neuf. Vous voici sur l'île de la Cité pour voir la Sainte-Chapelle et Notre-Dame. De l'autre côté de la Seine, c'est Saint-Michel et le Quartier latin.

17 h : le Marais

Quittez l'île de la Cité pour la place de l'Hôtel-de-Ville. Engouffrez-vous dans le Marais et ses petites rues, pour arriver jusqu'à la place des Vosges. Prenez le temps, si possible, de visiter le musée Picasso et de vous attarder devant les magnifiques hôtels du quartier.

19h : Beaubourg et les Halles

La journée se termine. Baladez-vous dans le quartier Beaubourg. Si le centre Pompidou est encore ouvert, montez au dernier étage pour admirer la vue sur les toits de Paris. Sillonnez les rues jusqu'aux Halles. C'est là que vous pourrez trouver un petit restaurant pas trop cher pour vous remettre de cette journée épuisante.

Paris sur l'eau...

Un circuit sur l'eau, très complet, est possible. Voir le chapitre « Paris sur l'eau ».

... mais aussi

Vous pouvez préférer d'autres circuits et d'autres quartiers : Villette, Montmartre, Chaillot, Saint-Germain... Dans ce cas, reportez-vous au chapitre suivant où quatre itinéraires vous sont proposés.

En une journée, vous pouvez découvrir les Champs-Élysées, le Louvre, la Cité, le Marais et les Halles, sans oublier le "Paris by night" dans la soirée.

Visite en quatre jours

En quatre jours bien remplis, vous aurez le temps d'arpenter Paris, de la rive droite à la rive gauche, des quartiers anciens aux quartiers plus récents ou plus populaires, et de consacrer quelques heures à des visites approfondies.

PREMIER JOUR

Du Palais-Royal à la place Charles-de-Gaulle *via* le Louvre, les Tuileries et les Champs-Élysées

➡ **Le Louvre -** Visite des jardins du Palais-Royal avant celle du musée du Louvre. Il faut compter une demi-journée pour parcourir le musée. En quittant le Louvre, passer sous l'arc de triomphe du Carrousel, prendre le jardin des Tuileries jusqu'à la Concorde.

➡ **La Concorde -** En face, l'Obélisque, à gauche le palais Bourbon, à droite, la Madeleine. Prendre ensuite les promenades vertes des Champs-Élysées avec un petit détour, à gauche, vers le Grand Palais.

➡ **Les Champs-Élysées -** Remontez l'avenue lentement, en faisant du lèche-vitrine, jusqu'à l'arc de triomphe de l'Étoile.

DEUXIÈME JOUR

Marais ➡ île Saint-Louis ➡ île de la Cité ➡ Beaubourg ➡ Halles

➡ **Le Marais -** En descendant du métro Saint-Paul, sillonnez le Marais sans oublier la place des Vosges et le musée Picasso. Rejoindre ensuite l'île Saint-Louis par le pont Marie.

➡ **Île de la Cité -** De l'île Saint-Louis, vous pouvez passer sur la Cité (Notre-Dame, Sainte-Chapelle, Conciergerie, Pont-Neuf).

➡ **Hôtel de Ville -** Traversez de nouveau la Seine par le pont d'Arcole et vous arrivez place de l'Hôtel-de-Ville. La tour Saint-Jacques et la place du Châtelet ne sont pas loin.

➡ **Beaubourg – Les Halles -** Prenez la rue du Renard. Offrez-vous une visite culturelle au centre Pompidou (musée) puis une soirée au Forum des Halles.

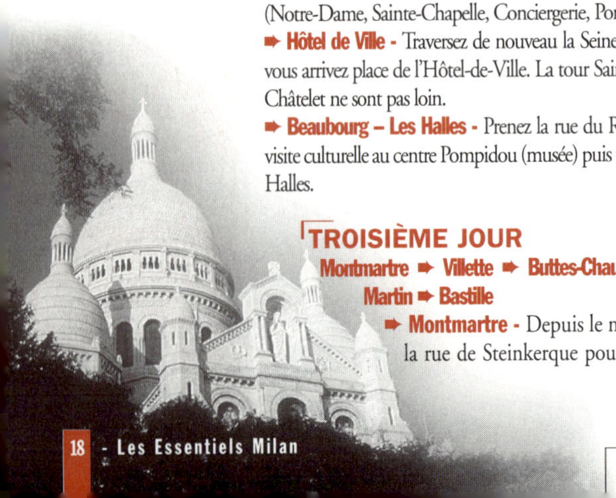

TROISIÈME JOUR

Montmartre ➡ Villette ➡ Buttes-Chaumont ➡ Canal Saint-Martin ➡ Bastille

➡ **Montmartre -** Depuis le métro Anvers, prendre la rue de Steinkerque pour monter sur la butte

Montmartre par le square Willette, le Sacré-Cœur. Ne ratez pas la place du Tertre, le Moulin de la Galette. La matinée est nécessaire pour cette visite.

➡ **La Villette**

Visitez la Cité des sciences, la Géode, la Cité de la Musique, promenade dans le parc. Comptez trois à quatre heures de visite.

➡ **Vers les Buttes-Chaumont -** Quittez la Villette le long du canal de l'Ourcq, jusqu'au pont de Crimée. Prendre la rue de Crimée, l'avenue Jean-Jaurès et l'avenue Laumière qui vous mènera au parc des Buttes-Chaumont.

➡ **Canal Saint-Martin -** Rejoindre le bassin de la Villette par l'avenue Laumière, prendre le quai de la Loire, passer devant la rotonde de la Villette, prendre le quai de Valmy pour longer le canal Saint-Martin jusqu'à ce qu'il passe sous terre, au niveau de la rue du Faubourg-du-Temple. Rejoindre la place de la République.

➡ **Bastille -** Passer la soirée dans le quartier Bastille : petite pause sur les marches de l'Opéra, promenade sur le bassin de l'Arsenal, un verre et un dîner rue de Lappe ou rue de la Roquette.

QUATRIÈME JOUR

Palais de Chaillot ➡ tour Eiffel ➡ Invalides ➡ Saint-Germain-des-Prés ➡ Luxembourg ➡ Saint-Michel

Palais de Chaillot ➡ tour Eiffel - Le métro Trocadéro vous dépose sur les terrasses du palais de Chaillot où vous pouvez visiter des musées. En face, il y a la tour Eiffel et le Champ-de-Mars. Comptez trois heures de visite en tout.

➡ **Les Invalides -** Du Champ-de-Mars, avec vue sur l'École militaire, prendre l'avenue de Tourville pour arriver aux Invalides. Au bout de l'esplanade, vous apercevrez le pont Alexandre-III.

➡ **Saint-Germain-des-Prés -** Prenez la rue de Varenne (Hôtel Matignon), le boulevard Raspail et le boulevard Saint-Germain qui vous conduit près de l'église Saint-Germain-des-Prés. Poussez jusqu'à Saint-Sulpice et jusqu'au jardin du Luxembourg.

➡ **Saint-Michel -** En sortant du Luxembourg, jetez un coup d'œil au Panthéon et prenez le boulevard Saint-Michel : musée de Cluny, Sorbonne.

Il a fallu plus de deux ans, en 1833, pour faire venir ces 230 tonnes de granit du temple de Ramsès II à Thèbes jusqu'à la place de la Concorde.

Pour visiter une grande ville comme Paris en quelques jours, rien de tel qu'un circuit bien organisé pour voir ce qui compte dans la capitale.

Le Louvre et la Voie triomphale

Le Grand Louvre a permis de faire revivre près de huit siècles d'histoire de France. La forteresse de Philippe Auguste est le point de départ d'un voyage dans le temps qui passe par la Concorde de Louis XV et l'Arc de Triomphe de Napoléon.

Le palais du Louvre

C'est en 1200 que le roi Philippe Auguste a fait construire une forteresse pour consolider l'enceinte qui entourait alors Paris. Il y déposa les archives royales.

Charles V y installa une bibliothèque et François Ier transforma le Louvre en château « Renaissance ». Henri II a été le premier roi à y vivre vraiment. Henri IV puis Louis XIII ont agrandi le palais, mais en 1678, Louis XIV et la Cour, boudant Paris, s'en allèrent à Versailles. Le Louvre fut alors envahi par les artistes et les mendiants.

En 1793, les révolutionnaires ont décidé d'en faire un musée qui sera embelli par Napoléon Ier, puis par Napoléon III, et enfin par François Mitterrand qui a inauguré en 1993 le Grand Louvre, devenu l'un des plus importants musées du monde.

Les Tuileries

Le nom vient de la terre argileuse qui servait à fabriquer des tuiles. Le palais, construit pour Catherine de Médicis en 1563, a été détruit pendant la Commune de 1871. Il ne reste que le jardin. L'arc de triomphe du Carrousel, édifié en 1808 pour honorer les victoires de Napoléon Ier, servait d'entrée triomphale au palais des Tuileries. Après avoir traversé le jardin et en arrivant à la Concorde, vous pouvez vous arrêter aux pavillons du Jeu de Paume (expositions temporaires) et de l'Orangerie (peintres impressionnistes).

L'accès au musée du Louvre se fait par la pyramide de verre de l'architecte Pei, inaugurée en 1989.

La place de la Concorde

Bâtie en 1753 à la gloire de Louis XV, elle portait alors le nom de ce roi. Puis elle devenue place de la Révolution. On y a exécuté beaucoup de monde pendant cette période, le roi Louis XVI et Robespierre notamment. Elle s'appela place de la Concorde en 1795, à nouveau place Louis-XV en 1814, place Louis-XVI en 1823, place de la Charte en 1830 pour redevenir la Concorde sous Louis-Philippe.
Vaste et majestueuse, la Concorde accueille en son centre l'obélisque de Louxor, que le vice-roi d'Égypte a offert à Charles X en 1829.

Des statues des soldats de la Grande Armée de Napoléon surmontent l'arc de triomphe du Carrousel.

Les Champs-Élysées

La prestigieuse avenue monte jusqu'à la place Charles-de-Gaulle (ex-Étoile). Avant le rond-point, c'est un beau jardin où se dressent quelques grands restaurants ainsi que des théâtres. Légèrement en décalage, côté Seine, on peut apercevoir le Grand Palais qui, tout comme le pont Alexandre-III voisin, a été construit pour l'Exposition universelle de 1900. Il allie à la perfection le fer et la pierre. C'est le temple des grandes expositions.
Au niveau du rond-point, vous pouvez prendre l'avenue Montaigne où résident quelques grands couturiers. La partie rond-point Charles-de-Gaulle vient d'être rénovée. Les contre-allées ont été rendues aux piétons, un nouveau mobilier urbain a été installé, des arbres ont été plantés.
Au métro Georges-V, le Fouquet's, restaurant du Tout-Paris quasi centenaire, menacé un temps d'être transformé en galerie marchande, est depuis 1988 inscrit aux Monuments historiques.
De la place Charles-de-Gaulle partent 12 avenues. L'Arc de Triomphe qui la domine a été voulu par Napoléon en 1806 après la victoire d'Austerlitz et terminé sous Louis-Philippe en 1836.
On a une vue splendide de sa plate-forme, à plus de 49 m de hauteur.

De la Pyramide du Louvre à la Grande Arche de la Défense, la « Voie triomphale » passe par le Carrousel, les Tuileries, la place de la Concorde, les Champs-Élysées et l'arc de triomphe de l'Étoile. Démarrez votre visite par le Louvre.

L'île de la Cité

C'est là qu'est né Paris. L'histoire de cette île, habitée à l'origine par les Parisii, se confond avec celle de la capitale. Malgré ses transformations, l'île de la Cité garde un rayonnement magique. Notre-Dame et la Sainte-Chapelle y sont pour beaucoup.

Notre-Dame

La construction de la cathédrale a démarré en 1163 sous Louis VII. Il a fallu 170 années pour la terminer. Notre-Dame reste un chef-d'œuvre de l'architecture gothique médiévale. Elle a vu défiler l'Histoire de France : des mariages (celui d'Henri IV et de la reine Margot), des sacres (Napoléon), des funérailles (De Gaulle)…

Si vous voulez la visiter en un minimum de temps, ne ratez surtout pas les splendides rosaces des vitraux nord et sud. Profitez de ce que vous êtes à l'intérieur pour vous laisser charmer par les arcades, le chœur, les statues de Louis XIII, de la Vierge et l'Enfant, de la Pietà… En sortant, admirez le portail de la Vierge et ses sculptures du XIIIe siècle. Levez la tête pour regarder la flèche haute de 90 mètres.

Si le cœur vous en dit, montez au sommet des tours (69 mètres de haut, 387 marches) : vous verrez Paris et les gargouilles qui bordent les toits. L'accès est payant. Mais la visite guidée de la cathédrale est gratuite tous les jours à midi. Sur le parvis se trouvent le « point zéro » d'où sont mesurées toutes les distances des routes de France, la statue de Charlemagne, une crypte contenant des vestiges des époques gauloise et gallo-romaine et les restes de la première enceinte. De nombreux objets gallo-romains sont regroupés au musée Notre-Dame.

La Sainte-Chapelle

C'est le chef-d'œuvre de l'architecture gothique. Louis IX l'a fait édifier en 1245 pour accueillir la couronne d'épines du Christ. Il faut s'arrêter devant le vitrail des Reliques et les statues des apôtres, et admirer la rosace, au crépuscule. L'accès (payant) se fait par le boulevard du Palais.

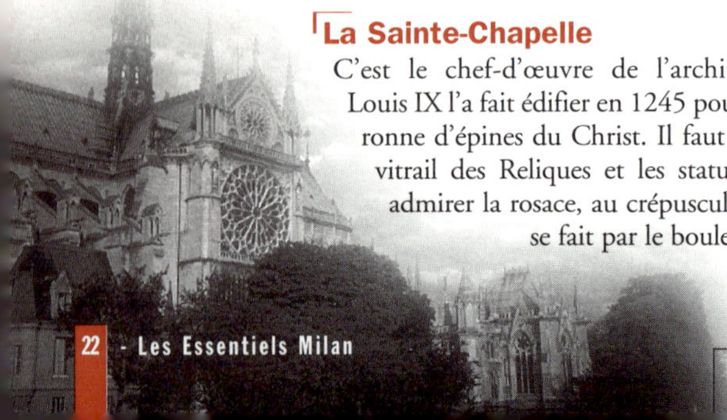

Le Pont-Neuf.

Le Palais de justice

Ce palais était la résidence des rois jusqu'à ce que Charles V (1338-1380) choisisse l'hôtel Saint-Paul dans le Marais. Des visites guidées sont organisées (tél. : (1) 44 32 50 00). Ne ratez surtout pas la salle des pas perdus et la chambre Dorée qui fut la chambre de Saint Louis. Au sous-sol se trouve la Conciergerie. Prison pendant la Révolution, elle a « accueilli » plus de quatre mille prisonniers dont la reine Marie-Antoinette. On peut visiter des cellules reconstituées, la magnifique salle des Gens d'Armes. La visite est payante. Entrée quai de l'Horloge. De l'extérieur, on peut voir la tour de l'Horloge (XIVe siècle).

Le Pont-Neuf

Le plus vieux de Paris, commencé en 1578 sous Henri III, terminé en 1607 sous Henri IV. Le premier aussi à ne pas être bordé de maisons, ce qui permettait aux Parisiens de voir la Seine à loisir. Au milieu du pont se trouve une statue d'Henri IV et, plus bas, on peut se promener dans le square du Vert-Galant qui offre aux amoureux une vue magnifique sur le Louvre.

Balade dans le quartier

Au 36 quai des Orfèvres, vous reconnaîtrez l'entrée principale de la police judiciaire immortalisée par le commissaire Maigret.

La charmante place Dauphine (1607) a gardé quelques demeures d'époque, au numéro 14 notamment.

Jetez un coup d'œil dans la cour de l'Hôtel-Dieu, un hôpital construit en 1866 sur le site d'un ancien orphelinat du XIIe siècle.

Une grande partie de l'Histoire de Paris tient dans l'île de la Cité. Notre-Dame et la Sainte-Chapelle sont des chefs-d'œuvre de l'art gothique et le Palais de justice garde encore des traces de son passé de royale demeure.

Saint-Germain-des-Prés et le Quartier latin

À Saint-Germain-des-Prés, Paris est à la fois intellectuel, historique, touristique, villageois. Le Quartier latin tout proche continue à attirer les jeunes, étudiants ou non, du monde entier.

Saint-Germain-des-Prés

La plus vieille église de Paris abrite le tombeau de Descartes ainsi que les restes des rois mérovingiens jusqu'à Dagobert qui, lui, a préféré reposer à Saint-Denis. C'est en 543 que Childebert, fils de Clovis, a fait construire une basilique au milieu des champs, destinée à abriter un morceau de la Croix. On peut encore voir dans l'église des vestiges du XIIe siècle (le clocher et le chœur). Le Palais abbatial (rue de l'Abbaye) est visible de l'extérieur.

Saint-Germain, c'est aussi un quartier animé avec des cafés célèbres (le Flore et les Deux Magots que fréquentaient Sartre et Prévert, Lipp où vont se restaurer des hommes politiques), des caves à jazz, des librairies, des galeries d'art, des éditeurs, des animations sur le boulevard… La rue de Buci est connue pour son marché du matin, la rue de Furstenberg parce qu'elle est une des plus jolies de la capitale, le Procope (13 rue de l'Ancienne Comédie) parce que c'est le plus ancien café de Paris (1686). De beaux hôtels particuliers se dressent rue de Condé, rue de Tournon et rue Visconti.

L'Institut de France (23 quai de Conti), et sa coupole datant de 1663, abrite la bibliothèque Mazarine, l'Académie française, l'Académie des beaux-arts…

L'église Saint-Sulpice, avec ses deux tours exagérément éloignées l'une de l'autre, construite en 1646, vaut le détour. M : Saint-Germain, Odéon, Saint-Sulpice, Mabillon.

Le long du boulevard Saint-Michel, jouxtant le musée de Cluny, se trouvent des vestiges de thermes datant de l'an 200 avant J.-C. Une salle de bains froids (le frigidarium) a conservé une belle voûte.

Le Quartier latin

Jusqu'à la Révolution, les étudiants y parlaient le latin. Aujourd'hui, dans ce quartier touristique, on parle toutes les langues. Les soirs d'été, il y a foule rues de la Huchette, de la Harpe, Saint-Séverin, Saint-André-des-Arts, boulevard et fontaine Saint-Michel. La Sorbonne, très agitée en mai 1968, est là, découvrant sa belle chapelle de 1635. L'église Saint-Séverin possède une tour flamboyante du XIIIe siècle.

De l'autre côté du boulevard Saint-Germain, la rue de Bièvre et la rue Maître-Albert sont d'un autre âge. L'église Saint-Julien-le-Pauvre (1165) domine un petit square où trône le plus vieil arbre de Paris : un robinier de 392 ans.

Au 51 quai des Grands-Augustins, pas loin de Saint-Michel, il faut jeter un œil au restaurant Lapérouse (1850), et à son décor Belle Époque.

Quand Paris s'appelait Lutèce

L'hôtel de Cluny, achevé en 1500, abrite le musée du Moyen Âge et des ruines gallo-romaines. Rue Monge se trouvent les arènes de Lutèce, ancien amphithéâtre romain de la fin du Ier siècle. Pas aussi importantes que celles de Nîmes ou d'Arles, elles devaient accueillir environ 15 000 spectateurs pour les jeux du cirque.

Saint-Germain-des-Prés, véritable cité autonome au Moyen Âge, reste un des centres intellectuels et culturels de Paris. Le Quartier latin voisin, de tradition estudiantine, est aussi la mémoire du Lutèce gallo-romain.

Le quartier Mouffetard

La Mouff', appelée ainsi parce qu'autrefois l'odeur y était insupportable à cause des tanneurs et des tripiers installés sur les rives de la Bièvre, suit le tracé d'un chemin gaulois et conserve un aspect moyenâgeux très intéressant.

On peut flâner place de la Contrescarpe, passage des Postes, autour de l'église Saint-Médard rue Tournefort…

(M : Monge, Censier-Daubenton).

Le quartier de l'Opéra

C'est l'un des quartiers les plus animés de la capitale : cinémas, banques, restaurants, passages et théâtres l'empêchent de somnoler. L'Opéra (palais Garnier) rayonne au milieu des Grands Boulevards où l'on aime flâner parce qu'il y a toujours quelque chose à voir.

L'Opéra et les Grands Boulevards

Commencé par Charles Garnier en 1860, l'Opéra a été inauguré quinze ans après. C'est un joyeux mélange de styles et le symbole de ce qui était à la mode sous le second Empire. Il faut entrer et regarder le grand escalier de marbre ainsi que le plafond du théâtre peint par Chagall en 1964. L'Opéra est en rénovation jusqu'en mars 1996.

Ce qu'on appelle familièrement les Grands Boulevards court de la Madeleine à la place de la République. On y trouve l'Olympia, des restaurants, le fameux Café de Paris, des cinémas, des banques, des théâtres. Boulevard Haussmann se dressent les grands magasins : Galeries Lafayette et Printemps.

L'Hôtel Drouot, situé au 9 de la même rue est le plus important hôtel de ventes aux enchères de France. Pas loin, on peut être impressionné par le bâtiment du Crédit Lyonnais, par les balcons dorés de la BNP ou par la coupole de la Société générale.

Les portes Saint-Martin et Saint-Denis ont été construites sous Louis XIV, à sa gloire, bien entendu.

Dans le quartier, flânez rue du Faubourg-Montmartre (restaurants, boîtes...) et rue Saint-Denis. Au coin de la rue du Croissant et de la rue Montmartre se trouve le café où

fut assassiné Jean Jaurès le 31 juillet 1914. Le quartier Notre-Dame-de-Lorette et ses hôtels particuliers est appelé la « Nouvelle Athènes ». Les architectes de l'époque Restauration se sont inspirés de la Grèce antique. George Sand, Chopin, Berlioz, Delacroix ont aimé le coin. Ne pas rater une jolie cour au 3 rue de l'Agent-Bailly.
M : Notre-Dame-de-Lorette.

Napoléon a fait ériger, place Vendôme, une colonne de 43,50 mètres dominée par une statue de l'Empereur, en hommage à sa Grande Armée.

Autour du Palais-Royal

Le Palais-Royal s'appelait Palais-Cardinal parce qu'il a été construit sous Richelieu. C'était, à la fin de l'Ancien Régime, un coin mal famé qui allait devenir un foyer d'agitation sous la Révolution.
L'entrée de la Comédie-Française se trouve place Colette. La « maison de Molière » date de 1680. On y donne le répertoire classique : Molière, Racine, Corneille, Marivaux... En flânant dans le quartier, vous passerez devant le restaurant « Grand Véfour » (décor XVIIIe siècle) qui donne sur le jardin du Palais-Royal.
Le square Louvois possède une des plus belles fontaines de Paris. La place des Victoires, édifiée en 1686 en l'honneur des victoires de Louis XIV, est devenue un des hauts lieux de la mode. Les couturiers Kenzo et Mugler y sont notamment installés.
La Bibliothèque nationale de France contient la quasi-totalité des imprimés publiés depuis François Ier. Elle n'est pas ouverte à tous. Se renseigner au (1) 47 03 81 26. Entrée : 58 rue de Richelieu. M : Bourse, Pyramides.

Autour de la place Vendôme

La place Vendôme, imaginée en 1686 pour accueillir la statue de Louis XIV, s'est appelée place de la Conquête, place Louis-le-Grand et place des Piques, sous la Révolution. Aujourd'hui entourée de boutiques de luxe, d'hôtels de prestige et abritant le ministère de la Justice, elle est restée pratiquement intacte.
À voir dans le quartier : la statue de Jeanne d'Arc, place des Pyramides, et l'église Saint-Roch (rue Saint-Roch) construite sous Louis XIV.

Le quartier de l'Opéra attire hommes d'affaires, touristes, cinéphiles, amateurs de théâtre, de music-hall, d'opéra... Un quartier où l'on flâne (sur les Grands Boulevards), où l'on se repose (au Palais-Royal), où l'on dépense de l'argent (magasins).

Le Marais et la Bastille

Le Marais est l'un des quartiers les plus agréables de Paris. Aujourd'hui quartier à la mode, voire branché, il a été autrefois celui des rois qui n'aimaient pas le Louvre. Les artisans l'ont colonisé jusque dans les années 1960.

Balade dans le Marais

En sortant du métro Saint-Paul, prendre la rue François-Miron pour voir, au 2, un superbe immeuble du XVIIIe siècle, et au 68, l'hôtel de Beauvais. Au 7 rue de Jouy, l'hôtel de Sens (1519) peut se visiter jusqu'à 20 h 30. Promenez-vous dans le quartier des antiquaires : quai des Célestins, rue Saint-Paul, rue Charlemagne. C'est le village Saint-Paul. L'église Saint-Paul – Saint-Louis, rue Saint-Antoine, a été de 1627 à 1762 le symbole de la puissance des Jésuites. La façade est étonnante. Pratiquement en face, au 62 rue St-Antoine, on peut voir et visiter l'hôtel de Sully, le plus prestigieux du quartier, de pur style Renaissance.

Continuez votre promenade dans le quartier nord de la rue de Rivoli. Le musée Carnavalet se trouve au 23 rue de Sévigné, dans un immeuble de 1545. Les hôtels de la rue du Parc-Royal, de la rue Payenne (hôtel de Marle) et de la rue Pavée (Lamoignon) sont remarquables. Promenez-vous ensuite rue des Francs-Bourgeois. Au 60, jetez un coup d'œil dans la cour de l'hôtel de Soubise (1705). Au 55, on peut voir une tour de l'enceinte Philippe-Auguste. Au 87 de la rue Vieille-du-Temple, la cour de l'hôtel de Rohan renferme *Les Chevaux du Soleil à l'abreuvoir* de Robert Le Lorrain. 60 Rue des Archives se trouve le très bel hôtel de Guénégaud.

L'hôtel de Sully a été construit en 1624 puis acheté par Sully, ministre d'Henri IV. Il est aujourd'hui le siège de la Caisse des monuments historiques.

La place des Vosges

Elle a été inaugurée deux ans après la mort d'Henri IV, à l'occasion du mariage de Louis XIII avec Anne d'Autriche. Elle s'appelait alors place Royale. Son ordonnancement est parfait : 36 pavillons sur arcades avec toits

La place des Vosges.

bleus d'ardoise, pierres blanches et briques rouges l'entourent. Victor Hugo habita au n° 6 de 1832 à 1848 : sa maison se visite. Poussez les lourdes portes sculptées et découvrez des cours, des escaliers, des hôtels…

Le quartier du Temple

Ce sont les moines templiers qui donnèrent à ce quartier son importance. Pour bien découvrir ce quartier historique, prenez le temps de flâner : la rue des Vertus, la rue de Gravilliers, la rue de Volta (une maison du XIIIe siècle se trouve au n° 3). Faites votre marché au carreau du Temple. Au 22 rue des Archives, vous avez le cloître des Billettes, le dernier cloître médiéval de Paris. Il date de 1427.

Du côté de Bastille

Avant-guerre, la Bastille était un quartier mal famé. On y croisait même des « Apaches ». Aujourd'hui, c'est le quartier à la mode. Les cafés de la rue de Lappe et de la rue de la Roquette sont devenus des lieux de rendez-vous nocturnes. De la forteresse prise un 14 juillet il ne reste que quelques vestiges sur un quai de métro, ligne Bobigny-Porte d'Italie.

C'est de la place de la Bastille où se dresse l'Opéra que partent la plupart des manifestations politiques ou syndicales qui se terminent à République.

Le quartier du Marais et celui de la Bastille tout proche se visitent à pied, le nez en l'air pour voir les façades des immeubles Renaissance. À la Bastille, le soir, c'est la fête.

Les Halles et Beaubourg

Ces deux ensembles modernes sont des lieux très fréquentés. Les touristes y côtoient des étudiants branchés et des jeunes de la banlieue. Quartier à la mode, de plus en plus concurrencé par la Bastille, le quartier des Halles – Beaubourg a gardé, à certains endroits, des rues et de vieilles demeures pittoresques.

Les Halles

Depuis 1183, le marché des Halles nourrissait les Parisiens. Le « Ventre de Paris » a pris un tel essor au XIXe siècle qu'il a embouteillé le centre de la capitale. Les Halles se sont fait expulser à Rungis en 1969. Le quartier a alors capitulé devant les démolisseurs. Les pavillons métalliques dressés par Baltard entre 1854 et 1866 ont été détruits sauf un, transféré à Nogent. Que construire à la place des Halles? Pendant des années on laissa un immense trou défigurer le centre de Paris. En 1979, le maire Jacques Chirac inaugure le Forum qui, peu à peu, s'agrandit pour couvrir sept hectares de galeries marchandes souterraines reliées au RER.

Le quartier des Halles

C'est un mélange de vieilles rues bordées de maisons aux balcons en fer forgé, d'immeubles neufs style Forum, de magasins et de fast-food… L'église Saint-Eustache (place du Jour) est l'une des plus belles de Paris, mélange de gothique (l'intérieur), de classique (la façade) et de Renaissance (le décor). Sa très bonne acoustique est appréciée des amateurs de concerts d'orgue. La fontaine des Innocents, située à l'emplacement d'un ancien cimetière, a été érigée en 1549. Elle est la seule fontaine Renaissance de Paris.

Centre Georges-Pompidou.

Le centre Georges-Pompidou

1977. Un drôle de bâtiment (une raffinerie, diront ses détracteurs), amoncellement de métal, de verre et de tuyaux colorés, se dresse sur le plateau Beaubourg. Tous les éléments techniques du Centre se trouvent à l'extérieur : les gaines d'aération bleues, les tuyaux d'eau verts, les lignes électriques jaunes. Sur le parvis, des jongleurs, cracheurs de feu et autres musiciens attirent les badauds. Les deux derniers étages du Centre abritent le musée d'Art moderne. L'entrée de la Bibliothèque publique d'information (BPI) se trouve au deuxième étage. Un laboratoire de langues est ouvert au public, qui peut aussi assister à des concerts de musique contemporaine (Ircam) et visiter des expositions temporaires. Sur la façade, une horloge à neuf chiffres effectue le compte à rebours qui nous sépare de l'an 2000. Le Centre est ouvert tous les jours sauf le mardi, de midi à 22 h. Ouverture plus matinale (10 h) le samedi et le dimanche (tél. : (1) 44 78 12 33). M : Rambuteau, Hôtel de Ville.

Le quartier de l'Horloge (à gauche de Beaubourg, vers la rue Rambuteau) n'est intéressant que par son horloge aux automates. À midi, 18 h et 22 h, le « Défenseur du temps » est attaqué par un crabe, un dragon et un oiseau.

La fontaine de la place Igor-Stravinski, près du centre Georges-Pompidou, a été créée par Nicky de Saint-Phalle et Jean Tinguely. Chaque sculpture évoque une œuvre du compositeur (*L'Oiseau de feu*...).

À voir, alentour...

Saint-Germain-l'Auxerrois, église gothique du XIIe siècle, fut la paroisse des rois. M : Louvre.

La Samaritaine, le grand magasin au style Art déco où l'on trouve de tout, est ouverte de 9 h 30 à 19 h. Nocturne jusqu'à 20 h 30 le mardi et le vendredi. Fermé le dimanche. M : Pont-Neuf.

La tour Saint-Jacques, entre la place du Châtelet et l'Hôtel de Ville, est un vestige de l'église Saint-Jacques-de-la-Boucherie (1523). Elle fut une étape du pèlerinage pour Saint-Jacques-de-Compostelle.

On fait des emplettes au Forum des Halles ou à La Samaritaine, on se cultive au centre Georges-Pompidou, on révise son histoire de France devant l'Hôtel de Ville ou à Saint-Germain-l'Auxerrois, on flâne dans un des quartiers les plus branchés de Paris.

Paris vu de haut

Vu des sommets, Paris prend de la hauteur.

Quelques sites haut perchés offrent une vue imprenable sur les toits et les monuments de la capitale.

La butte Montmartre

À 130 mètres d'altitude, la butte Montmartre est le point culminant de Paris. C'est là-haut que l'évêque saint Denis s'est fait couper la tête, en l'an 250. Aussi, le nom « Montmartre » vient de « Mont des Martyrs ». Au début du XIXe siècle, la colline était couverte de vergers, de vignes, de chaumières et de moulins à vent.
Le haut Montmartre a inspiré les artistes (Utrillo, Renoir, Picasso, Apollinaire…). Le bas Montmartre était le quartier de la fête. À la fin du XIXe siècle, Nini Patte en l'air et la Goulue animaient le Moulin-Rouge. Après la Seconde Guerre mondiale, les artistes ont préféré Montparnasse. Pigalle et Blanche sont devenus les hauts lieux de la prostitution et des trafics en tous genres.
Visiter Montmartre, c'est grimper, à pied, par les innombrables escaliers ou en funiculaire (place Suzanne-Valadon, métro Anvers). C'est ensuite flâner un peu au hasard. Essayez de prendre la rue Sainte-Rustique (la plus ancienne), l'allée des Brouillards (qui est en réalité un escalier), la rue Saint-Vincent, la rue Lepic, la place des Abbesses. Au coin des rues Girardon et Lepic, le moulin de la Galette (1640) a survécu. Au coin de la rue des Saules, il y a des vignes vendangées le premier dimanche d'octobre. Juste en face, le cabaret du Lapin agile est une institution montmartroise depuis 1860. Vous passerez obligatoirement par la place du Tertre, rendez-vous des dessinateurs et des peintres. Si vraiment vous y tenez, montez jusqu'au Sacré-Cœur, gros édifice de style byzantin, construit entre 1875 et 1914. Seules la coupole et la mosaïque du Christ sont intéressantes. Juste à côté, l'église Saint-Pierre, une des plus vieilles de Paris (1134), contient des vestiges de l'abbaye de Montmartre. M : Anvers, Abbesses.

Le 58e étage de la tour Montparnasse est accessible par ascenseur (payant). Les autres étages sont occupés par des bureaux.

La Samaritaine

La tour Eiffel

Construite pour l'Exposition universelle de 1889 (on fêtait alors le centenaire de 1789), la dame de fer de l'ingénieur Gustave Eiffel était destinée à étonner le monde. Pari réussi : elle l'étonne toujours. La preuve, elle accueille 4,6 millions de visiteurs par an.
La tour Eiffel a été, jusqu'à la construction de l'Empire State Building de New York en 1931, le plus haut bâtiment du monde. Du haut des 320 mètres de ce « Meccano » géant maintenu par plus de deux millions de rivets, on a une vue superbe sur Paris et ses environs. Quatre ascenseurs ou 1 652 marches permettent d'atteindre le troisième étage. Heures d'ouverture : 9 h 30-23 h. M : École militaire, Bir Hakeim. RER C : Champ-de-Mars.

24 heures sur 24, des hommes et des femmes se relaient dans la basilique du Sacré-Cœur, à Montmartre, pour prier afin d'expier les péchés de l'humanité !

La tour Montparnasse

Construite en 1973 à l'emplacement de l'ancienne gare Montparnasse, elle a suscité bien des commentaires. Ses détracteurs disent que c'est depuis son sommet, à 200 mètres d'altitude, qu'on a la plus belle vue sur Paris… puisqu'on est sûr de ne pas voir la tour elle-même. (M : Montparnasse-Bienvenüe).

D'autres sommets parisiens

Au centre Pompidou, prenez l'escalator extérieur et grimpez jusqu'au dernier étage. La vue est splendide.
Belles vues également des jardins de Belleville (rue Piat, M : Pyrénées), de la rue Georges-Lardennois (M : Colonel-Fabien), du sommet de l'Arc de Triomphe et des tours de Notre-Dame.

Si vous voulez les dessus de Paris, grimpez ! Vous avez le choix : la butte Montmartre, un véritable village ; la tour Eiffel, majestueuse ; la tour Montparnasse, 200 mètres de haut ; La Samaritaine, les tours de Notre-Dame ou Beaubourg…

Paris sur l'eau

Paris au bord de l'eau. Une flânerie sur les quais ou sous les ponts de la Seine, une promenade en bateau-mouche, une pause romantique sur une écluse du canal Saint-Martin ou sur la passerelle des Arts... Ça c'est Paris !

Sous les ponts coule la Seine

Paris s'est bâti le long de la Seine dont les rives dévoilent un défilé architectural grandiose. Les édifices les plus importants de la capitale sont au bord du fleuve, entre la tour Eiffel à l'ouest et l'Institut du monde arabe, à l'est.

Trente-cinq ponts enjambent les treize kilomètres de Seine qui traversent Paris. Certains offrent des panoramas inoubliables. Du pont d'Austerlitz, la vue sur l'île Saint-Louis et sur l'arrière de Notre-Dame est magnifique. Le Pont-aux-Changes donne sur la Conciergerie et l'Hôtel de Ville. Le Pont-Neuf est le meilleur endroit pour admirer le Louvre, La Samaritaine, l'Institut et l'Hôtel de la Monnaie. Le pont Alexandre-III relie les Invalides au Grand Palais. Le pont de la Concorde permet d'aller de la place de la Concorde au palais Bourbon en jetant un coup d'œil à la tour Eiffel.

Il faut s'arrêter sur la passerelle des Arts, la passerelle des amoureux, et regarder Paris, à la tombée du jour, quand la lumière est la plus belle.

Depuis septembre 1994, les quais de la Seine, du pont Sully au pont d'Iéna, sont classés « patrimoine mondial » au même titre que Versailles et le Mont-Saint-Michel. Un temps menacés par de nouveaux projets de voies express, les voilà protégés. C'est tant mieux. Ils offrent de telles possibilités de promenades, au fil de l'eau, que leur détérioration aurait été un nouveau mauvais coup donné à la ville.

Des centaines de bouquinistes vendent des vieux livres sur les quais, surtout vers Saint-Michel et l'Hôtel de Ville.

Les fameux bateaux-mouches font, de jour comme de nuit, le parcours effectué sur la Seine par la reine Elisabeth II d'Angleterre en 1972.

Le canal Saint-Martin

Afin de fournir aux Parisiens de l'eau en quantité suffisante, Bonaparte a décidé en 1802 la construction de trois canaux. Le canal Saint-Martin prend son départ dans la Seine, au niveau de l'Arsenal (Bastille), ce port qui accueille aujourd'hui des bateaux de plaisance. Le canal passe ensuite sous la place de la Bastille et sous le boulevard Richard-Lenoir, pour ressortir du côté de République.
Des écluses, des ponts métalliques à la vénitienne, des ponts tournants, des rives plantées d'arbres lui donnent un charme fou. Le canal se glisse ensuite dans le bassin de la Villette (M : Jaurès), récemment rénové. La Rotonde de la Villette, le quai de Loire, le pont de Crimée (le dernier pont-levis de Paris) et l'on arrive au parc de la Villette. Le canal se divise alors en deux : d'un côté le canal de l'Ourcq, de l'autre le canal Saint-Denis.

Balades sur l'eau

Le meilleur moyen de se promener sur la Seine, c'est encore de prendre le bateau. On peut embarquer sur un bateau-mouche au port de la Conférence, au pont de l'Alma (M : Alma-Marceau), au Pont-Neuf ou au Pont d'Iéna.
Une expérience de Batobus a été tentée ces dernières années. Pas très concluante semble-t-il. Ce service de navettes ne fonctionne pas l'hiver. Les embarcadères se trouvent port de la Bourdonnais, tour Eiffel, port de Solférino, quai Malaquais, quai de Montebello et quai de l'Hôtel-de-Ville.
Des promenades sur les canaux sont organisées. Départ port de l'Arsenal (Bastille) ou parc de la Villette. (Réservations : (1) 42 39 15 00).

Certaines années, la Seine déborde. En 1910, elle a largement dépassé la cote d'alerte pour atteindre les 8,76 m de haut. C'est le record. Au cours de l'hiver 1994-1995, elle a atteint les 5 mètres. On mesure la hauteur de l'eau au pont de l'Alma où se trouve le fameux Zouave.

Paris sur l'eau, c'est bien entendu la Seine bordée des plus grands monuments et enjambée par des ponts magnifiques, mais c'est aussi le romantique canal Saint-Martin. Se promener en bateau est un plaisir et une des meilleures façons de visiter Paris.

Bois et jardins

Chaque Parisien dispose d'environ 10 m² d'espaces verts. Mais si l'on ne tient pas compte des bois de Vincennes et de Boulogne, légèrement excentrés, la surface tombe à 4 m². Bien moins que Londres ou que Vienne.

Le bois de Vincennes

Le plus grand espace vert de Paris a été aménagé en 1860 sous Napoléon III. On y trouve le parc zoologique, le parc floral, un hippodrome, un institut bouddhique tibétain, le théâtre de la Cartoucherie, des lacs et un château qui a servi de résidence royale et de prison. Le donjon du XIVe siècle abrite un musée. On peut aussi visiter la chapelle (10 h-17 h).
M : Château de Vincennes, Porte Dorée.

Le bois de Boulogne

863 hectares, des lacs, deux hippodromes (Longchamp et Auteuil), le jardin d'Acclimatation, le musée des Arts et Traditions populaires, le tennis à Roland-Garros, un terrain de camping, le jardin de Bagatelle, le jardin Shakespeare… Date de naissance : 1852. M : Porte Maillot, Porte Dauphine, Sablons, Porte d'Auteuil.

Jardins d'hier…

Le jardin des Tuileries a été créé en 1564 pour Catherine de Médicis. On peut y admirer des statues en bronze de Maillol. M : Tuileries, Concorde.
Le Luxembourg a été créé pour Marie de Médicis vers 1615. On ne se lasse pas du grand bassin et de la fontaine de Médicis. Le palais abrite le Sénat. M : Odéon, Luxembourg.
Fondé en 1626 sous Louis XIII, le Jardin des Plantes offre un nombre important de visites : l'École de botanique, la Grande serre, la Grande galerie de l'Évolution et la ménagerie.
Entrées : rue Cuvier (M : Jussieu) et place Valhubert. (M : Gare d'Austerlitz).
Le parc Monceau (1778) est un vrai jardin chic à l'anglaise. Rêvez devant la rotonde, la pyramide égyptienne, les cascades, le petit palais. M : Monceau.

Le Champ-de-Mars, au pied de la tour Eiffel, a été nivelé pour la Fête de la Fédération, le 14 juillet 1790. M : École militaire, Champ-de-Mars. Le parc Montsouris est un grand parc à l'anglaise vallonné, datant de 1865. M : Porte d'Orléans, RER B : Cité universitaire. Les Buttes-Chaumont, construites au second Empire, offrent des rochers, un lac romantique, un temple des Amours, des cascades (M : Botzaris, Buttes-Chaumont, Laumière).

Parcs d'aujourd'hui

Les anciens abattoirs et le marché aux bestiaux de la Villette créés par Haussmann ont laissé la place au plus grand parc parisien. 35 hectares ouverts à partir de 1984 avec la Grande Halle, la Géode, le Zénith, la Cité de la musique et la Cité des sciences. M : Porte de Pantin et Porte de la Villette.
Le parc André-Citroën, bâti en 1992 sur les anciens terrains des usines Citroën est couvert de roseaux, de fougères et autres plantes aromatiques. (M : Place Balard).
Le parc Georges-Brassens et son jardin des odeurs se trouve à l'emplacement des anciens abattoirs de Vaugirard. Entrée à l'angle de la rue des Morillons et de la rue Brancion. M : Porte de Vanves.

Les cimetières

Passez un moment en compagnie des célébrités disparues. Au Père-Lachaise : Héloïse et Abélard, Jim Morrison et Édith Piaf, Molière et La Fontaine, Proust et Oscar Wilde, Pierre Desproges et Victor Noir (un journaliste dont la tombe offre des attraits érotiques), Simone Signoret et Yves Montand. Ouvert de 8 h à 17 h 30. M : Père-Lachaise.

Au cimetière du Montparnasse, vous pouvez rencontrer Baudelaire, Gainsbourg, Sartre, Reiser… Ouvert de 8 h à 18 h. M : Edgar Quinet. Le cimetière de Montmartre accueille Guitry, Jouvet, la dame aux Camélias, Berlioz, Truffaut… Ouvert de 8 h à 17 h 30. M : Place de Clichy.

***Ci-dessous* : Le Père-Lachaise, cimetière le plus prestigieux de Paris, date de 1803. Le terrain était auparavant propriété du Père de La Chaise, confesseur de Louis XIV.**

Les parcs et jardins parisiens proposent une grande variété de styles et d'époques. Les bois de Vincennes et de Boulogne sont les poumons de la capitale, tandis que d'élégants jardins parsèment le centre.

Paris moderne

Jamais, depuis le baron Haussmann au XIXe siècle, on n'avait autant bâti à Paris. Entre 1981 et 1995, François Mitterrand a donné à la capitale un nouvel élan architectural. Avec plus ou moins de bonheur.

Le Palais omnisport de Paris-Bercy, inauguré en 1983, peut accueillir jusqu'à 17 000 spectateurs pour des concerts ou des compétitions sportives.

Ci-contre **: l'Opéra-Bastille comporte une salle de 2 700 places dont quelques-unes ne sont pas très chères.**

Les dix travaux de Mitterrand

1 – Le Grand Louvre avec sa pyramide a été inauguré en 1993. Il devrait être entièrement terminé en 1996. Le projet a nécessité le déménagement du ministère des Finances à Bercy.

2 – L'immeuble-pont du nouveau ministère des Finances se trouve dans le quartier entièrement remodelé de Bercy. Il a été inauguré en 1989.

3 – L'Institut du monde arabe, ouvert en 1987, a été financé en partie par des États arabes. On peut y voir des expositions, y entendre des concerts et boire du thé au 9e étage (vue magnifique). La façade est remarquable. Entrée : 1 rue des Fossés-Saint-Bernard. M : Jussieu, Sully-Morland, Cardinal-Lemoine.

4 – L'architecture de l'Opéra-Bastille, inauguré en 1989, est très controversée. M : Bastille.

5 – Inaugurée en 1989, la Grande Arche de la Défense abrite la Fondation internationale des droits de l'homme. Autour, des tours accueillent depuis la fin des années 50 les sièges de grandes sociétés comme EDF, Total, Elf…

6 – Le musée d'Orsay voulu par le président Giscard d'Estaing a été inauguré en 1986 à l'emplacement d'une ancienne gare.

7 – Le Muséum national d'histoire naturelle, au Jardin des Plantes, a trouvé une seconde vie en 1994 après plusieurs années de rénovation.

8 – Les quatre tours de la Bibliothèque de France, située à l'est de Paris, dans le quartier Tolbiac, ont été

inaugurées en 1995. Ouverture au public prévue en 1997.

9 – Les anciens abattoirs de la Villette ont été transformés en un grand parc où se dressent la Cité des sciences et de l'industrie (1986), véritable temple du futur. On peut y voir des expositions, un planétarium, une station spatiale, une médiathèque... Ouvert de 10 h à 18 h sauf le lundi. M : Porte de la Villette. La salle de concert du Zénith et la Géode se trouvent également à la Villette.

10 – La Cité de la musique de la Villette, avec le Conservatoire, des salles de concert, l'ensemble intercontemporain de Pierre Boulez. M : Porte de Pantin.

La Géode, magnifique boule d'acier poli sur le site de la Villette, permet de visionner des films sur un écran géant de 1 000 m² à 180°. Réservez au (1) 36 68 29 30. Minitel : 3615 code Villette.

Quelques autres nouveautés

Rues de l'Ouest et du Château, près de Montparnasse, des logements sociaux en forme de temple grec : c'est signé Boffill.

Un mini-Manhattan composé de seize buildings sur les bords de la Seine, juste en face de la Maison de Radio-France, c'est le Front de Seine. Le plus haut s'élève à 98 mètres. La tour la plus originale est la tour Totem. M : Charles-Michel.

Des anciens entrepôts de vin qui tombent pour laisser la place à un tout nouveau quartier, c'est Bercy. Un grand parc de 13 hectares baptisé le « Jardin de la Mémoire » va côtoyer le Palais omnisport. M : Bercy.

On le voit du périphérique, vers la porte du Pré-Saint-Gervais : l'hôpital pour enfants Robert Debré, ouvert en 1988, est le plus grand et l'un des plus modernes d'Europe.

Des projets

Du Jardin des Plantes jusqu'à Ivry, sur la rive gauche de la Seine, ce ne sont que travaux. C'est là que se dresse la Bibliothèque de France. Un nouveau pont doublera celui d'Austerlitz. L'avenue de France, 2 kilomètres de long sur 40 mètres de large, ira d'Austerlitz à Masséna.

Paris change. Le musée du Louvre est devenu le Grand Louvre, une bibliothèque s'est installée dans l'est, un opéra a pris la Bastille, la Défense a son arc de triomphe, les musées se modernisent et La Villette s'ouvre au cinéma, à la science et à la musique.

Les autres curiosités

Aux côtés des grands classiques que tout touriste doit visiter, Paris révèle d'autres monuments, d'autres curiosités qui méritent un petit détour. Catalogue.

L'autre île

Reliée par un pont à l'île de la Cité, l'île Saint-Louis était, jusqu'en 1614, une prairie à vaches. Elle est devenue un élégant quartier où les demeures bourgeoises s'étirent sur les quais. L'église Saint-Louis-en-l'Île (1664-1726), de style baroque, accueille des concerts de qualité. L'hôtel de Lauzun (17 quai d'Anjou) est remarquable pour ses boiseries et ses plafonds peints (1656). M : Pont-Marie, Sully-Morland.

Drôles d'églises

Voulu par Louis XV, terminé en 1789, le Panthéon a certes été un temple destiné à accueillir les « Grands Hommes de la Liberté » sous la Révolution, mais il est redevenu église au XIXe siècle. Après dix ans de travaux, on peut de nouveau visiter la nef. La crypte contient les tombeaux de quelques hommes illustres (Gambetta, Jaurès, Voltaire, Rousseau, Zola, Schœlcher, Moulin) et depuis avril 1995, d'une femme, Marie Curie. Ouvert de 9 h 30 à 18 h 30 d'avril à septembre, de 10 h à 17 h 30 les autres mois. M : Luxembourg, Cardinal-Lemoine.

L'église du Val-de-Grâce se trouve à l'intérieur d'un hôpital. Elle a été fondée en 1645. À voir pour son dôme, la coupole et une fresque de Mignard (1663), *La Gloire des Bienheureux*. M : Port-Royal.

À côté du Panthéon se trouve la très belle église Saint-Étienne-du-Mont (1492-1626), remarquable mariage de gothique et de Renaissance italienne. Sainte Geneviève y est vénérée.

Sites militaires

Les Invalides, c'est tout d'abord une immense esplanade (500 mètres de long) qui part de la Seine. C'est l'église des militaires, l'église Saint-Louis (1679-1708), c'est un dôme à la dorure toute neuve, c'est le tombeau de Napoléon, mais aussi ceux de Vauban, Turenne, Foch…

M : Invalides, Latour-Maubourg, Varenne.
À deux pas, l'École militaire, construite de 1751 à 1773 à la demande de Louis XV, se visite sur demande, 1 place Joffre.
M : École militaire.

Les Invalides accueillent le musée de l'Armée et le musée des Plans-Reliefs. La bâtisse a été voulue par Louis XIV en 1671 pour y soigner les soldats invalides.

Et aussi... (de B à S)

Le quartier de la Butte-aux-Cailles est fait pour la promenade : rues des Cinq-Diamants, de la Butte-aux-Cailles, Daviel, Vergniaud, Parc floral, rue du Moulin des Prés. M : Corvisart, Place d'Italie.
Le palais de Chaillot est un immense bâtiment néo-classique qui a remplacé pour l'Exposition universelle de 1937 le palais du Trocadéro de 1878. Il abrite quatre musées, le Théâtre national de Chaillot (l'ancien TNP de Jean Vilar) et la Cinémathèque. Ouvert de 9 h 45 à 17 h 15 sauf le mardi. M : Trocadéro.
La Gare de Lyon pour son haut beffroi baroque et son restaurant classé monument historique, le Train bleu, à la décoration de style Belle Époque. M : Gare de Lyon.
La Manufacture nationale des Gobelins, fondée par Colbert, continue à fabriquer de belles tapisseries. On peut visiter, 42 avenue des Gobelins, les mardis, mercredis et jeudis à 14 h.
L'Observatoire est le plus ancien établissement astronomique d'Europe. Il date de Colbert (1668). Pour visiter, téléphoner au (1) 40 51 22 21. M : Port-Royal.
La place de la Nation, ancienne place du Trône : les deux pavillons et les colonnes de part et d'autre de la place sont des vestiges de la barrière du Trône du mur des Fermiers généraux.
L'hôpital de la Salpêtrière est une ancienne poudrière. Fondé sous Louis XIII, il est devenu hôpital pour pauvres sous Louis XIV. Belle chapelle Saint-Louis, 47 bd de l'Hôpital. M : Place d'Italie.

La plupart des églises de Paris, aux styles très variés, méritent une visite, de Notre-Dame au Panthéon, de la Madeleine à Saint-Étienne-du-Mont. D'autres trésors sont moins connus : l'île Saint-Louis, Chaillot, les Gobelins ou encore l'Observatoire.

Paris insolite

Parfois, il faut quitter les sentiers battus et les circuits touristiques. Paris, ce n'est pas que la tour Eiffel ou le Louvre, c'est aussi les puces et les marchés, là où est la vie. On peut aussi s'aventurer sous terre ou découvrir de vraies curiosités.

Les marchés de Paris

L'un des plus anciens marchés de la capitale est celui des Enfants-Rouges, rue de Bretagne, dans le 3e. M : Temple. Pas très loin, le carreau du Temple et sa belle structure métallique (rue Perrée et rue du Petit-Thouars) est consacré à la nippe. Tous les jours sauf le lundi, de 9 h à 12 h 30.

Le marché d'Aligre est l'un des moins chers de Paris (tous les matins sauf le lundi, métro Ledru-Rollin).

Le mardi et le vendredi, le marché de Belleville accueille toute la planète. Le marché de la rue des Moines, ouvert de 8 h à 12 h 30 et de 16 h à 19 h 30 sauf le lundi et le dimanche matin, vaut le détour. M : Brochant. Dans le Quartier latin, les marchés de la rue Mouffetard et de la rue de Buci sont appréciés des touristes.

Beaucoup de marchés couverts ont été détruits dans les années 1960. Certains ont été sauvés : marché Saint-Quentin, rue de Chabrol (M : Gare de l'Est), marché Secrétan (M : Bolivar) et marché Saint-Martin (M : Strasbourg-St-Denis).

La salle de prières de la mosquée de Paris offre une riche décoration maghrébine. Le minaret fait 33 mètres de haut.

Les puces

Vers 1840, des chiffonniers se sont installés aux abords de Paris. Ils ont été rapidement rejoints par des vendeurs de toutes sortes dont des vendeurs de vieux matelas pleins de puces. D'où le nom de ces marchés.

Porte de Vanves, 140 marchands, des brocanteurs surtout, côtoient les « puciers » sauvages. Marché ouvert le samedi et

le dimanche de l'aube à 19 h, avenues Georges-Lafenestre et Marc-Sangnier. M : Porte de Vanves.
Les puces de Saint-Ouen sont les plus grandes du monde. Sept marchés attirent chaque week-end plus de 200 000 visiteurs. Ouvertes de 7 h 30 à 19 h, samedi, dimanche et lundi. On peut y faire quelques affaires à partir de 5 h du matin. M : Porte de Clignancourt.
Les puces de Montreuil sont les plus intéressantes pour fouiner et trouver l'impossible : brocante, fringues, outils… À partir de 6 h 30, samedi, dimanche et lundi. M : Porte de Montreuil.

Avec ses airs de souk côtoyant des parfums de Provence, le marché de la place d'Aligre est l'un des plus authentiques de Paris.

Paris sous terre

On peut se promener dans les égouts : cinq mètres sous terre, 200 mètres de galeries visitables sur les 2 100 kilomètres existants. Entrée place de la Résistance, de 11 h à 16 h sauf le jeudi et le vendredi. M : Alma-Marceau.
Les Catacombes sont en réalité un ossuaire contenant les restes du charnier des Innocents qui était situé aux Halles. Après quelques travaux de rénovation, les Catacombes ont rouvert en juillet 1995.
Entrée au 1 place Denfert-Rochereau.

Lieux de prière

La mosquée de la place du Puits-de-l'Ermite date de 1920. On y trouve un hammam, un restaurant, un salon de thé, de très belles décorations. Ouverte de 11 h à 20 h sauf le vendredi et les jours de fêtes musulmanes. M : Monge, Jussieu.
La chapelle de la Médaille miraculeuse (140 rue du Bac) possède un distributeur automatique de médailles et de chapelets.

Visites originales

La Pagode, de style japonais, fait cinéma et salon de thé. Elle date de 1896 et se situe au 57 bis rue de Babylone. M : St-François-Xavier. Les toilettes publiques de la Madeleine méritent une petite pause pour leur style art nouveau. (M : Madeleine, 9 h 30-19 h).

Chaque marché de Paris est le reflet d'un quartier et d'une population. Les puces méritent une visite pour le simple plaisir de fouiller. Paris, c'est aussi des coins insolites : égouts et catacombes sous terre, endroits exotiques.

Cours, passages et villas

Paris fourmille de passages, villas, cours, galeries, rues étroites. Il faut prendre le temps de fouiner, de pousser une lourde porte en bois et de découvrir l'inattendu.

Le passage des Panoramas.

Les galeries du centre, rive droite

La galerie Véro-Dodat est certainement la mieux conservée de toutes, 21 rue Jean-Jacques Rousseau. M : Louvre.

La rue Saint-Denis s'ouvre sur plusieurs passages : le Grand-Cerf, au 145, le Bourg-l'Abbé au 120, le passage du Ponceau au 212 et le passage du Caire au 237. M : Strasbourg-Saint-Denis.

Le plus célèbre de Paris, le passage des Panoramas, est aussi le rendez-vous des philatélistes. Il donne sur le 11 boulevard Montmartre. Au 6 rue des Petits-Champs, prendre la galerie Colbert. Au 44, le passage Choiseul est l'un des plus grands.

Les collectionneurs de cartes postales anciennes se retrouvent au passage Verdeaux, 6 rue de la Grange-Batelière. Le passage Jouffroy (au 9 de la même rue) relie le boulevard Montmartre et le musée Grévin.

Tout près, le passage Brady regroupe des boutiques d'alimentation et des restaurants indiens et pakistanais (46 rue du Faubourg-Saint-Denis).

Les passages et villas de l'Est parisien

Du côté de Bastille, au début de la rue de la Roquette, découvrez le passage du Cheval blanc. Tout le long du faubourg Saint-Antoine, charmants passages avec restaurants, cafés, artisans : la cour du Bel-Air, le passage du Chantier, le passage de la Main d'Or.

Vers Ménilmontant, il faut gravir les rues Gasnier-Guy, Villiers-de-l'Isle-Adam, des Cascades, Piat, la villa Castel... C'est une autre époque!
Du métro Danube, laissez-vous aller à flâner le long des rues de la Mouzaïa, de la Liberté et de l'Égalité. La très colorée villa Amalia, les glycines, les lampadaires et les maisons en brique des villas de Fontenay, de la Renaissance ou Bellevue vous charmeront. De l'autre côté des Buttes-Chaumont, gravissez la rue Georges-Lardennois qui donne sur un ensemble de petites rues ombragées, de maisons fleuries et sur une vue imprenable de Paris.

Villas du Nord

Dans le quartier des Batignolles, véritable village parisien, écoutez les oiseaux de la cité des Fleurs, 154 avenue de Clichy. M : Brochant.
La villa Poissonnière, 42 rue de la Goutte d'Or, à Barbès, date de Louis-Philippe.
Un passage public mais secret se trouve au 65 rue Lepic. Entrez, grimpez les 63 marches avec de part et d'autre des jardins et des maisons fleuries.

Les cours et villas de la rive gauche

Les demeures bourgeoises du XVIe siècle et le parfum d'un autre âge, c'est dans les cours de Rohan et du Commerce-St-André que vous les trouverez. Entrée : rue du Jardinet. M : Odéon.
De nombreuses villas campagnardes gravitent autour de la Butte-aux-Cailles et de la place de l'Abbé-Georges-Henocque. M : Corvisart.
Pas loin de Montparnasse, la Cité des artistes, 21 avenue du Maine, possède encore des ateliers croulant sous la verdure. Toujours des îlots de verdure, sur l'avenue du Général-Leclerc, avec la villa Adrienne et les villas Hallé et Boulard. M : Mouton-Duvernet.
Au 101 rue de la Tombe-Issoire, Henry Miller habita villa Seurat. Au 53 avenue Reille, jetez un coup d'œil au coquet square Montsouris.

Plus de 80 murs peints égayent les rues de Paris. Cherchez-les rue de Belleville, rue Dussoubs, rue Delcassé, rue des Haudriettes, rue du Renard, rue Saint-Fargeau.

La plupart des passages parisiens ont été construits dans la première moitié du XIXe siècle. Paris possède 6 400 rues, la plus longue est la rue de Vaugirard (4,36 km), la plus courte, c'est la rue des Degrés à Strasbourg-Saint-Denis (5,50 m).

Les quartiers de Paris et les Parisiens

2,15 millions de personnes vivent dans Paris intra-muros. Les populations changent : beaucoup d'habitants ont dû partir parce que se loger dans la capitale est devenu trop cher. Radioscopie d'une population qui aime vivre dans Paris-villages.

Paris et ses Parisiens

Le million d'habitants à Paris a été dépassé en 1851, les deux millions en 1881. Une pointe a été atteinte en 1921 : 2,9 millions. Environ 2,15 millions de personnes vivent aujourd'hui à Paris (4 % de la population française).

Depuis la fin des années 70, des centaines de milliers d'habitants ont quitté la capitale pour les villes de banlieue où les loyers sont moins chers. Cet exode a provoqué la fermeture de nombreux petits commerces et cafés. Avec ses 225 000 habitants, le quinzième arrondissement est le plus peuplé (et le plus vaste : 850 hectares). Le moins peuplé est le premier (20 000 habitants).

Les Parisiens et Paris

Les Français sont très fiers de leur capitale, devenue au cours des siècles le symbole du pays. Mais, paradoxalement, un sentiment anti-parisien très fort persiste dans les provinces (la province, comme on dit à Paris). La trop forte centralisation, la concentration des pouvoirs et des richesses dans la capitale y sont pour beaucoup. À l'intérieur même de Paris, des disparités existent entre les quartiers même si elles tendent à disparaître. L'Ouest reste le Paris riche des banques, des bureaux, des commerces de luxe, du pouvoir. L'Est, malgré quelques mutations, est le Paris des ouvriers, des artisans, des étrangers.

Ces disparités subsistent aussi hors de Paris, en banlieue. Les 10,6 millions d'habitants ne vivent pas tous dans les mêmes conditions. Là encore l'Ouest est souvent la banlieue des populations aisées, l'Est et le Nord regroupent des banlieues plus difficiles à vivre.

Les Parisiens dans leurs quartiers

Certains quartiers et arrondissements de Paris sont des miroirs de différentes régions du monde. La rue Sainte-Anne, dans le 1er, est japonaise. Les Vietnamiens, les Cambodgiens et les Chinois habitent le Chinatown des avenues d'Ivry et de Choisy (13e) et la rue de Belleville.

À Belleville (20e), les juifs sépharades et les musulmans de Tunisie vivent avec les Chinois et les Africains.

Le quartier Barbès-Goutte d'Or (18e) est habité par une importante communauté africaine (rue de Polonceau). La rue de la Goutte d'Or est plutôt maghrébine.

Rue des Rosiers, dans le Marais, on parle yiddish, arabe, allemand, russe... La communauté juive y est très importante. C'est là, devant le restaurant Goldenberg, qu'un attentat meurtrier a eu lieu en 1982. Autres quartiers habités par la communauté juive : l'avenue Secrétan, dans le 19e et la rue Richer (9e).

Des Russes se retrouvent chaque dimanche matin pour l'office à la cathédrale Alexandre-Nevski (rue Daru, 8e), les Indiens et les Pakistanais se sont installés passage Brady (10e).

Le monde entier se trouve aussi à la Cité universitaire (14e). 6 000 étudiants de plus de cent pays y vivent.

Les Parisiens venus des provinces de France ont eux aussi choisi leurs quartiers. Les Corses aiment l'avenue de Clichy, des Auvergnats vivent encore à Belleville et à Ménilmontant, les Bretons et leurs crêperies sont à Montparnasse.

Paris est une grande ville, cosmopolite. Les différentes populations y vivent dans leurs quartiers respectifs, chacun d'eux possédant ses coutumes, ses commerces, ses restaurants. Le flâneur ou le touriste peut faire le tour du monde en quelques jours.

Les principaux musées

Il y a environ soixante-dix musées à Paris. Ils sont souvent installés dans de magnifiques bâtisses, ce qui en fait des lieux de visite très enrichissants, avec parfois d'étonnants contrastes, comme l'œuvre de Picasso dans un hôtel du XVIIe siècle.

Les tarifs des musées de Paris sont assez élevés. Il existe heureusement des réductions pour les moins de 18 ans, ainsi qu'une carte « Musées et Monuments » : un forfait valable un jour (60 F), 3 jours (120 F) ou 5 jours (170 F) qui donne accès à 65 musées. Vous pouvez l'acheter dans les musées, à l'Office du tourisme et dans certaines stations de métro.

Le Grand Louvre

Il a été inauguré le 18 novembre 1993 à l'occasion de son 200e anniversaire. Les quelque 5 millions de visiteurs annuels entrent par la pyramide de verre de l'architecte Peï, dans la cour Napoléon. Trois ailes (Denon, Sully et Richelieu) partent du hall Napoléon (au rez-de-chaussée de la pyramide). À ne pas manquer : les Rubens de la galerie Médicis, le *Saint-Thomas* de Georges de la Tour (Sully 4), la *Joconde* (Grande Galerie), les *Noces de Cana* de Véronèse (salle des États), le *Sacre de Napoléon* de David (salle Mollien), les *Esclaves* de Michel-Ange (escalier Mollien), la *Vénus de Milo* (Denon 9), les fossés et le donjon du château de Philippe Auguste et la salle Saint-Louis (Sully). Horaires : jeudi au dimanche, de 9 h à 18 h. Lundi et mercredi : jusqu'à 22 h. Fermé le mardi. Un peu moins de monde le lundi et le mercredi après 17 h. Gratuit pour les moins de 18 ans. Demi-tarifs après 15 h et le dimanche. M : Palais-Royal.

Le musée d'Orsay

Le musée de la seconde moitié du XIXe siècle se trouve dans une ancienne gare construite en 1900. Il a été inauguré en 1986. Il accueille les impressionnistes (Renoir, Cézanne, Van Gogh…), Delacroix, Ingres, Corot, Millet et des sculpteurs.
Ouvert les mardis, mercredis, vendredis et samedis de 10 h à 18 h, le jeudi jusqu'à 21 h 45 et le dimanche de 9 h à 18 h.
Fermé le lundi. M : Gare d'Orsay.

Le musée d'Art moderne de la Ville de Paris

Il permet de voir des œuvres de Dufy (et sa fée électricité de 600 m^2), Vlaminck, Braque, Picasso, Ernst, Delaunay, Matisse, Bonnard. 11 av. du Pdt-Wilson. Ouvert de 10 h à 17 h 30 (jusqu'à 19 h le week-end). Fermé le lundi. M : Alma-Marceau, Iéna.

12 autres musées

Arts d'Afrique et d'Océanie, 293 avenue Daumesnil, 10 h-12 h et 13 h 30-17 h 15 sauf mardi. M : Porte Dorée.

Art asiatique au musée Guimet, 6 place d'Iéna, de 9 h 45 à 18 h, sauf le mardi. M : Iéna.

Impressionnistes : Monet (*Les Nymphéas*), Cézanne mais aussi Matisse, Utrillo, le Douanier Rousseau à l'Orangerie, place de la Concorde. Ouvert de 9 h 45 à 17 h 15, sauf le mardi.

Picasso : toutes ses œuvres de 1905 à 1973. À l'hôtel Salé, 5 rue de Thorigny, de 9 h 30 à 18 h, sauf le mardi. M : Saint-Paul.

Rodin : *Le Baiser*, *Le Penseur*, *Les Bourgeois de Calais*, *Balzac*, au 77 rue de Varenne, 9 h 30-17 h 45, sauf le lundi. M : Varenne.

Art moderne : peintures, dessins et sculptures de 1905 à nos jours, au centre Pompidou (12 h-22 h, sauf le mardi).

Moyen Âge : tapisseries du XVe (dont la *Dame à la Licorne*), hôtel de Cluny, 6 place Paul-Painlevé. 9 h 30-17 h 45, sauf le mardi. M : Saint-Michel.

Histoire de Paris : musée Carnavalet, 23 rue de Sévigné. Du mardi au dimanche, de 10 h à 17 h 40. M : Saint-Paul.

Sciences : au palais de la Découverte, derrière le Grand Palais. De 9 h 30 à 18 h. Fermé le lundi. M : Franklin-Roosevelt.

Marine : magnifiques maquettes de navires de toutes les époques au palais de Chaillot. De 10 h à 18 h, sauf le mardi. M : Trocadéro.

Homme : le tour du monde de l'espèce humaine à travers les âges. Palais de Chaillot, 9 h 45-17 h 15, sauf le mardi.

Cinéma : fondé par Henri Langlois. Palais de Chaillot. Fermé le lundi et le mardi, 9 h 45-17 h 15.

Le musée Grévin, fondé en 1882, accueille des personnages de cire. Il se trouve au 10 boulevard Montmartre. M : Montmartre.

Paris possède des musées parmi les plus beaux du monde. L'art du monde entier et de toutes les époques y est représenté. Parmi les plus importants, le Louvre, mais aussi Orsay, le musée Picasso, le centre Pompidou et le musée d'Art moderne.

La fête à Paris

Se distraire à Paris n'est pas très compliqué. Que vous préfériez le cinéma, le théâtre, le café-théâtre, les concerts ou les boîtes de jazz, vous avez l'embarras du choix.

Pour réserver un spectacle :
- **Office du tourisme : 127 avenue des Champs-Elysées.**
- **FNAC Monparnasse (rue de Rennes), Halles (Forum), Ternes (avenue des Ternes), Bastille.**
- **Virgin Mégastore : 52 avenue des Champs-Elysées.**

Le Grand Rex.

Les cinémas

Avec sa centaine de salles, Paris est la capitale mondiale du cinéma. La plupart sont regroupées sur les Champs-Élysées, autour de l'Opéra et sur les Grands Boulevards, à Montparnasse, au Forum des Halles, dans le Quartier latin et Saint-Germain…

Paris possède des écrans géants : le Kinopanorama, au 60 avenue de la Motte-Piquet (réservation au (1) 43 06 50 50, métro : La Motte-Picquet-Grenelle) et le Gaumont de la place d'Italie. La Géode (à la Villette) et le dôme Imax (à la Défense) sont des salles du futur avec un système de projection omnimax.

Le Grand Rex avec ses 2 800 places et son décor baroque de 1932 est un monument : au moment de Noël, il ne faut pas rater la féérie des eaux. (1 boulevard Poissonnière, métro : Bonne Nouvelle).

Au palais de Chaillot, la Cinémathèque française créée par Henri Langlois en 1936 offre la plus riche collection de films du monde.

Théâtres et cafés-théâtres

Molière à la Comédie-Française, le répertoire étranger à l'Odéon, des productions d'avant-garde à la Colline, du Boulevard sur les boulevards… Les théâtres, nombreux, offrent un programme très diversifié. Le kiosque de la place de la Madeleine propose des places à moitié prix pour le soir même. (M : Madeleine, du mardi au vendredi de 12 h 30 à 20 h, le samedi à 12 h 30 puis de 14 h à 20 h et le dimanche de 12 h 30 à 16 h 30). Deux autres kiosques sont installés aux Halles (RER) et devant la gare Montparnasse.

De nombreux cafés-théâtres programment des spectacles comiques .

Les concerts

À côté des grandes salles de concert que sont le Zénith, Bercy ou l'Olympia, il existe une multitude de lieux. Le rock s'est intallé à Pigalle (La Cigale, Elysée-Montmartre et Locomotive), au Bataclan (M : Oberkampf), au Passage du Nord-Ouest (M : rue Montmartre).
Paris est, après New York, la deuxième ville du monde pour le nombre de clubs de jazz. On en trouve à Saint-Germain-des-Prés (Bilboquet, Latitudes Jazz club…), à Montparnasse (Le Petit Journal), vers Châtelet-Les Halles (Sunset, Baiser Salé, Duc des Lombards, Petit Opportun…) et rue des Petites Écuries (Le New Morning). Pour le classique, rendez-vous à l'Opéra-Bastille, salle Pleyel (M : Ternes), au théâtre du Châtelet. On peut écouter de la musique dans la plupart des églises. Certains concerts sont gratuits. Pour la danse, il faut se diriger vers l'Opéra (palais Garnier), et vers le Théâtre de la Ville (M : Châtelet).

Pour se renseigner sur les programmes des cinémas, théâtres, concerts, consulter les colonnes Morris, acheter l'*Officiel des spectacles* ou *Pariscope* dans tous les kiosques.
***Ci-dessus à gauche* : l'Olympia.**

Les boîtes de nuit

Les plus branchées actuellement :
La Locomotive : 90 boulevard de Clichy (Blanche), rock et soul musique de 23 h à l'aube, sauf le lundi.
Les Bains : 7 rue du Bourg l'Abbé.
Le Tango : 13 rue Au-Maire. Du mercredi soir au samedi soir. Salsa.
Le Palace : 8 rue du Faubourg-Montmartre.
Le Gibus : 18 rue du Faubourg-du-Temple, rock. Fermé le dimanche et le lundi.
Le Balajo : 9 rue de Lappe. De 23 h à l'aube. Musette le week-end à partir de 15 h.
La Chapelle des Lombards : 19 rue de Lappe. Musique tropicale.

Paris aime faire la fête : nombreux cinémas, jazz, concerts classiques, théâtres ou cafés-théâtres ou encore discothèques. Bastille, Saint-Germain, Saint-Michel ou les Halles sont les quartiers les plus propices.

Paris filmé, chanté, écrit...

Paris est l'une des villes du monde, avec New York et Rome, qui a été le plus filmée. Elle a également été beaucoup chantée, photographiée, peinte, racontée... Finalement, on pourrait très bien découvrir Paris au cinéma, dans un musée ou chez soi, avec un bon livre.

Paris au cinéma

Certains cinéastes ont raconté l'histoire de Paris. *Si Paris nous était conté* de Sacha Guitry retrace les grands moments de Paris du XVe siècle à 1955. On se retrouve au Moyen Âge avec *Notre-Dame de Paris* (quatre versions). Le Paris de 1830 est raconté dans la trentaine de versions des *Misérables*. Le Paris de la Seconde Guerre mondiale a inspiré Claude Autant-Lara (*La traversée de Paris*) et René Clément (*Paris brûle-t-il*). Chris Marker a relaté les événements de mai 1968 dans *Le Joli Mai*.

D'autres metteurs en scène se sont attardés dans des quartiers de Paris. L'*Hôtel du Nord* de Carné se trouve sur le canal Saint-Martin. Renoir a préféré la Seine et le Pont-Neuf pour *Boudu sauvé des eaux*. Pont-Neuf que l'on retrouve dans *Les Amants du Pont-Neuf* de Léo Carax. La Marne et ses guinguettes ont inspiré Duvivier, auteur de *La Belle Équipe* et Becker pour son *Casque d'Or*.

Dans *À bout de souffle* de Jean-Luc Godard, Belmondo et Jean Seberg se baladent sur les Champs-Elysées. Antoine Doisnel (*Les Quatre Cents Coups* de Truffaut) habite le 18e. Gene Kelly vit à Montmartre dans *Un Américain à Paris* de Minelli alors qu'*Irma la Douce*, tourné à Hollywood, se passe aux Halles, avant qu'elles ne se transforment en un immense « trou », filmé par Marco Ferreri dans *Touche pas à la femme blanche*. Le métro sert de décor à *Subway* de Luc Besson ou à *Zazie dans le métro* de Louis Malle. *Sous les toits de Paris* (René Clair) décrit le Paris populaire des années 30, *Les Tricheurs*, le Saint-Germain-des-Prés des années 50, *Diva*, le Paris branché des années 80.

À bout de souffle de Jean-Luc Godard (1960).

Paris dans les livres

Inventé par Léo Malet, Nestor Burma, détective de choc, emmène le lecteur dans différents quartiers de Paris : Nation, Montsouris, Marais, Saint-Germain, le pont de Tolbiac…
On peut également découvrir l'Opéra grâce au *Fantôme de l'Opéra* de Gaston Leroux, un Paris estival désert dans *Quartier perdu* de Modiano, le Belleville cosmopolite avec les « Malaussène » de Daniel Pennac.
N'oublions pas Zola, Hugo, Balzac, Alexandre Dumas qui ont raconté Paris ou se sont servis de Paris comme décor.
Les poètes ont chanté la capitale : Victor Hugo (*Paris bloqué*), Verlaine (*Paysage*), Apollinaire (*Le Pont Mirabeau*), Aragon (*Paris*), Baudelaire, Rimbaud…
Pour découvrir Paris par la bande dessinée, relisez les albums de la série Adèle Blanc-Sec de Tardi.

***Hôtel du Nord* avec Arletty (1938) (« Atmosphère, atmosphère… »).**

Paris chanté

Dans le désordre et avec d'inévitables oublis, ceux qui ont chanté Paris : Dutronc (*Il est 5 heures, Paris s'éveille*), Gainsbourg (*Le poinçonneur des Lilas*), Trénet (*Ménilmontant, La romance de Paris*), Montand (*Les Grands Boulevards*), Brassens (*Au cimetière du Montparnasse*), Brel (*Le printemps de Paris*), Lemarque (*À Paris, L'air de Paris*), Ferré (*Paname, Les amants de Paris*), Higelin (*Au parc Montsouris*), Nougaro (*Paris-mai*), Dassin (*Aux Champs-Elysées*)… On pourrait également citer *Un gamin de Paris*, chanter que « Paris est une blonde », fredonner *Sous le ciel de Paris* et se remémorer toutes les chansons d'Aristide Bruant (*À la Bastille, Rue Saint-Vincent*…).

Voir Paris en peintures

Les peintres impressionnistes qui y vivaient ont été inspirés par Paris. Renoir par le Bal du Moulin de la Galette, Monet a peint la gare Saint-Lazare et le boulevard des Capucines. Manet a immortalisé le bar des Folies-Bergères et Toulouse-Lautrec le visage de Jeanne Avril, habituée du Moulin-Rouge. Plus récemment, Matisse et Picasso ont peint Notre-Dame, Léger s'est intéressé aux toits de Paris et Braque au Sacré-Cœur.

> De nombreux cinéastes, français ou étrangers, ont tourné des chefs-d'œuvre dans la capitale. Paris a aussi été chanté par Montand, Ferré, Bruant. Les écrivains ont été inspirés par un Paris insolite, tout comme les peintres impressionnistes.

Les transports parisiens

La meilleure façon de se déplacer dans le centre de Paris, c'est encore de mettre un pied devant l'autre et de recommencer. Mais si cette solution vous fait peur, vous pouvez toujours faire du vélo (pas facile), de l'auto (c'est lent), du bus ou du métro.

Le métro et le RER

La première ligne du métropolitain a été inaugurée en 1900. Aujourd'hui, des métros circulent sous terre ou en plein air, de 5 h 30 à 1 h 15. Les 15 lignes ont chacune un numéro mais on les appelle plus communément par leur terminus (exemple : Balard-Créteil). Plus de 400 stations desservent tous les coins de Paris et de sa proche banlieue. Cinq lignes se croisent à la station République, Saint-Lazare est la plus fréquentée parce qu'elle débouche sur la plus grande gare de banlieue d'Europe et la station Buttes-Chaumont est la plus profonde (31 mètres). Une quatorzième ligne verra le jour fin 1996 : Météor (métro ultra-rapide) reliera Saint-Lazare à Tolbiac en passant par Pyramides, Châtelet, Gare de Lyon et Bercy.

Achetez des carnets de dix tickets, ça vous reviendra moins cher. Ou une carte hebdomadaire (deux voyages par jour pendant six jours), une carte Formule 1 (trajets illimités en une journée) ou une carte Paris visite (valable trois ou cinq jours).

Le RER (Réseau express régional) dessert la grande banlieue. Ses quatre lignes (A-B-C-D) traversent Paris. Pour circuler dans Paris, les titres de transport RER sont les mêmes que pour le métro. Pour la banlieue, il y a des tarifications spéciales.

Le métro aérien.

Paris en bus

Se déplacer en bus est très agréable quoiqu'un peu lent. Certaines lignes permettent de faire du tourisme sans se fatiguer. Le 73 remonte les Champs-Élysées, le 21 relie l'Opéra à Saint-Michel, le 24 va de Saint-Lazare à Maisons-Alfort en suivant la Seine, le 29 (Opéra-Bois de Vincennes) traverse le Marais. Le PC (petite ceinture) fait le tour de Paris en trois heures. Il suit les boulevards extérieurs : 35 km, 100 arrêts et six tickets. Les tickets sont des tickets de métro. Il en faut deux pour les longues distances (qu'on appelle sections).
Dix Noctambus circulent la nuit, au départ de Châtelet. Les tickets sont à acheter au conducteur.

Les 58 lignes de bus qui sillonnent Paris sont empruntées par plus de 2 000 bus. Certains, de plus en plus rares, possèdent une plate-forme à l'arrière.

Paris à vélo

Les cyclistes sont minoritaires à Paris. Rien n'est prévu pour eux. Il est même dangereux de circuler à vélo sur certains axes. Mais si rien ne vous fait peur, vous pouvez louer une bicyclette à Paris-Vélo, 2 rue du Fer-à-Moulin (M : Censier-Daubenton) ou à Bicy-Club, 8 rue de Champerret (tél. : (1) 47 66 55 92).

L'automobile à Paris

Paris est une ville-escargot, souvent embouteillée. Les automobilistes passent 39 millions d'heures par an dans les bouchons, à la vitesse moyenne de 18 km/h. 1,5 million de véhicules entrent chaque jour dans Paris...
La municipalité a imaginé des opérations de dissuasion : les axes rouges par exemple qui, depuis 1990, interdisent le stationnement et l'arrêt sur certaines voies principales. D'autres projets sont étudiés : un périphérique souterrain, des voies sous terre qui traverseraient la capitale... Les places de stationnement payant et les parkings publics sont insuffisants. Se garer dans Paris est un véritable jeu de piste. Et les « pervenches » (contractuelles) veillent. De plus, la voiture pollue. Les gaz d'échappement font, à certaines saisons, exploser le seuil de pollution dans le centre-ville.

Le métro est le moyen de transport le plus rapide et le moins cher de Paris. Si vous êtes claustrophobe, prenez le bus, plus lent mais plus aéré. Se déplacer en voiture ou en vélo est plutôt déconseillé.

Paris gourmand

Paris est un haut lieu de la gastronomie. On y trouve toutes les cuisines de France mais aussi les spécialités de nombreuses régions du monde : Chine, Afrique du Nord, Italie, Grèce, Liban, Inde... Les bistrots ou bars à vins sont aussi très nombreux. Bon appétit !

Le tour du monde à table

Les restaurants chinois se trouvent dans le 13e et à Belleville. Essayez le *China Town Olympiades*, 44 avenue d'Ivry. M : Porte d'Ivry. Pour manger japonais, il faut aller 32 bis rue Sainte-Anne, au Higuma. M : Pyramides. Les restaurants indiens et pakistanais les plus typiques sont passage Brady. M : Château d'Eau.
Quelques bons italiens dressent leurs tables vers Nation (rue du Faubourg-Saint-Antoine).
Les bonnes tables d'Afrique du Nord sont à Belleville ou à la Mosquée, 39 rue Geoffroy-Saint-Hilaire.
M : Jussieu.

Mangez selon votre goût

Les amateurs de nourriture biologique peuvent aller à la *Galerie Huit*, 8 rue Rochebrune, ouvert à midi et de 19 h à 21 h sauf le dimanche. M : Saint-Ambroise.
Pour les gourmands, rien ne remplace une glace *Berthillon*, 31 rue Saint-Louis-en-l'Île, 10 h-20 h du mercredi au dimanche, fermé pendant les vacances scolaires sauf à Noël. M : Pont-Marie. On trouve de bonnes viennoiseries au 8 rue de l'École-de-Médecine, de 9 h à 19 h 15 sauf le week-end (M : Odéon), et de très bons pains chez Ganachaud, 140 rue de Ménilmontant.
M : Pelleport, Gambetta.
Moins cher, plus « populo » : la *Canaille*, bon et peu onéreux, 4 rue Crillon, le soir jusqu'à minuit, fermé le samedi et le dimanche midi. M : Sully-Morland et Bastille. *Le Temps des Cerises*, 18 rue de la Butte-aux-Cailles, fermé le samedi midi et le dimanche. M : Corvisart). *Au Virage Lepic*, 61 rue Lepic. Le soir jusqu'à 2 h, sauf le mardi, le vrai restaurant de Montmartre. M : Blanche.

Des curiosités de luxe !
Même si vous n'en avez pas les moyens, passez place de la Madeleine où se trouvent les épiceries de luxe : Fauchon, Hédiard...

Mangez au son de l'accordéon

Musette et p'tit vin blanc : ce n'est pas à Paris même mais tout près, sur les bords de Marne. Ce sont les guinguettes. *Chez Gégène*, 162 bis quai de Polangis, Joinville-le-Pont. Le vendredi et le samedi à partir de 21 h. (RER A). *Le Martin-pêcheur*, 41 quai Victor-Hugo, Champigny-sur-Marne. Dimanche 14 h-24 h. (RER A).

Boire un petit coup

Paris ne manque pas de bons petits bistrots et de bars à vins tellement parisiens.

Le Temps des Cerises, 31 rue de la Cerisaie, dans une vieille maison du XVIIIe. Bar le soir, restaurant le midi. Fermé le week-end. Menu à 60 F. M : Bastille, Sully-Morland.

Le Baron Rouge, 1 rue Théophile-Roussel. Midi et soir jusqu'à 21 h 30. Fermé le lundi. M : Ledru-Rolin.

Le Café de l'Industrie, 16 rue St-Sabin. De 11 h à 2 h, sauf le samedi. Branché. M : Saint-Sabin, Bastille.

Le Piston Pélican, 15 rue de Bagnolet. 10 h-2 h, sauf le mardi midi. Bientôt branché. M : Alexandre-Dumas.

La Cave des Envierges, 11 rue des Envierges. En haut de Ménilmontant, de midi à 2 h, sauf le lundi et le mardi. M : Pyrénées.

Aux Négociants, 27 rue Lambert. Le midi du lundi au vendredi, les soirs du mardi, mercredi et jeudi.
M : Château-Rouge.

Jacques Mélac, 42 rue Léon-Frot. Jusqu'à 22 h 30. Fermé le samedi et le dimanche. Le plus typique des bars à vins. M : Charonne.

Le Baratin, 3 rue Jouye-Rouve. Du mardi au vendredi, de midi à 2 h, le samedi de 17 h à 2 h. Fermé le dimanche et le lundi. M : Belleville, Pyrénées.

Le célèbre café Les Deux Magots, lieu de rendez-vous de J.-P. Sartre et de S. de Beauvoir.

Bien manger et pas cher à Paris, c'est possible. Évitez les « boîtes à touristes » et choisissez les bistrots et les rues qui ne payent pas de mine. Goûtez aux cuisines du monde entier. Attention aux tarifs parfois prohibitifs dans les bars, surtout en terrasse, le soir.

Paris pas cher

On peut manger, dormir, se distraire, faire des achats à bon marché, à Paris. Parfois, les bons plans se trouvent même dans les quartiers touristiques. Bonne chasse !

Dormir

Bed and Breakfast, 7 rue Campagne-Première, tél. : (1) 43 35 11 26. M : Raspail, Campagne-Première.

Tourisme chez l'habitant, 27 rue Rambuteau. Chambres chez l'habitant, tél. : (1) 42 71 47 47. M : Rambuteau, Halles.

BVJ Centre international, 20 rue Jean-Jacques-Rousseau, tél. : (1) 42 36 88 18. M : Louvre, Palais-Royal.

BVJ, 5 rue du Pélican, tél. : (1) 42 33 40 53. M : Louvre, Les Halles. 11 rue Thérèse, tél. : (1) 42 60 77 23. M : Pyramides.

MIJE, trois hôtels particuliers dans le Marais. Y aller à 7 h. Hôtel Maubuisson : 12 rue des Barres (métros : Hôtel de Ville, Pont Marie), Fauconnier : 11 rue Fauconnier (métro : St-Paul), Fourcy : 6 rue de Fourcy (métro : St-Paul).

Young and Happy Hostel, 80 rue Mouffetard, se présenter entre 8 h et 10 h. M : Censier-Daubenton ou Monge.

Hôtel Marignan, 13 rue du Sommerard, se présenter à 10 h. M : Maubert-Mutualité.

Auberge de Jeunesse, 8 bd Jules-Ferry, tél. : (1) 43 57 55 60 (carte obligatoire). M : République.

Auberge de jeunesse d'Artagnan, 80 rue de Vitruve, tél. : (1) 43 61 08 75. M : Porte de Bagnolet.

Maison internationale des jeunes pour la culture et pour la paix, 4 rue Titon, tél. : (1) 43 71 99 21. M : Faidherbe-Chaligny ou Boulets-Montreuil.

Auberge internationale des jeunes Ste-Marguerite, 10 rue Trousseau, tél. : (1) 47 00 62 00. M : Bastille, Ledru-Rollin.

Palais de la Femme, 94 rue de Charonne, tél. : (1) 46 59 30 00. M : Charonne, Faidherbe-Chaligny.

Maison des Étudiantes, 214 bd Raspail, tél. : (1) 43 20 61 30. M : Denfert-Rochereau ou Vavin.

FIAP (Foyer international d'accueil), 30 rue Cabanis, tél. : (1) 45 89 89 15. Demi-pension possible. M : Glacière.

Camping du bois de Boulogne, allée du Bord-de-l'eau. Réservé aux provinciaux et aux étrangers. Ouvert toute l'année. Pas de réservation. M : Porte Maillot.
Hôtel du Commerce. 34 rue des Trois-Frères. Pas de réservation. M : Abbesses, Anvers.

Manger

Chez Germain, 30 rue Pierre-Leroux.
Fermé le samedi soir et le dimanche. M : Duroc.
Chez Léon, 5 rue de L'isly. De 12 h à 15 h et de 19 h à 22 h, sauf le dimanche. C'est un routier. M : Saint-Lazare.
Chartier, 7 rue du Faubourg-Montmartre. Midi et soir jusqu'à 21 h 30, tous les jours. 350 places dans un décor fin du siècle dernier. Moins de 80 F. M : rue Montmartre.
Drouot, 103 rue de Richelieu. De 11 h 45 à 15 h et de 18 h 30 à 22 h. Même maison que Chartier, moins encombrée.
M : Richelieu-Drouot.
Self du Palais de la Femme, 94 rue de Charonne. De 11 h 30 à 14 h et 18 h 30 à 20 h. Ouvert à tous. 50 F maxi.
M : Charonne, Faidherbe-Chaligny.
L'Espérance, 46 rue Daguerre. Midi et soir jusqu'à 2 h.
M : Denfert-Rochereau.
Le Bistrot d'André, 232 rue St-Charles. Fermé le dimanche.
M : Place Balard.
Simo, 59 rue Myrha. Tous les jours midi et soir (jusqu'à 23 h). C'est un Bulgare pas cher. M : Château-Rouge.
(Voir aussi le chapitre Paris gourmand)

S'habiller

On trouve des chaussures pas chères boulevard Barbès, un peu de tout aux puces de Montreuil ou de Saint Ouen et des fringues à des prix défiant toute concurrence chez Tati (magasins à Barbès, rue de Rennes et à République). Pour acheter des tissus, vous pouvez aller au marché Saint-Pierre, M : Anvers.

Sortir

Les musées sont souvent gratuits pour les moins de 18 ans, beaucoup de concerts sont à entrée libre (dans les églises et à la Maison de Radio France). Places de théâtre à moitié prix proposées dans les kiosques.

On peut dormir pour pas trop cher à Paris : dans une auberge de jeunesse, un BVJ ou dans des hôtels bon marché. Pour se nourrir, il existe quelques petits restos sympas. Sortir ou s'habiller peut également ne pas être trop coûteux.

Bibliographie

Quelques livres sur Paris
Le guide du routard, Paris (Hachette, 75 F).
Guide de Paris mystérieux (Tchou, 120 F).
Guide du promeneur à Paris (Syros, 90 F).
Guide des Parcs et jardins de Paris (Horay).
Dictionnaire des noms de rues (Mengès).
Paris combines (Solar).

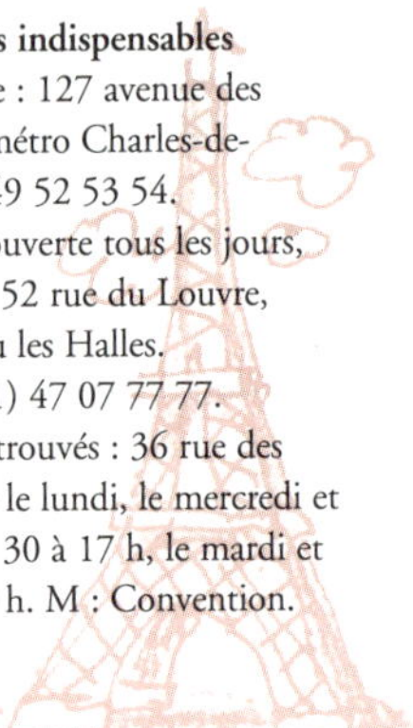

Quelques adresses indispensables
Office du tourisme : 127 avenue des Champs-Élysées, métro Charles-de-Gaulle. Tél. : (1) 49 52 53 54.
Poste du Louvre, ouverte tous les jours, 24 heures sur 24 : 52 rue du Louvre, métros : Louvre ou les Halles.
SOS Médecins : (1) 47 07 77 77.
Bureau des objets trouvés : 36 rue des Morillons. Ouvert le lundi, le mercredi et le vendredi de 8 h 30 à 17 h, le mardi et le jeudi jusqu'à 20 h. M : Convention.

Paris la nuit
Un supermarché, Nocto, 23 boulevard des Batignolles (métro : Place de Clichy) et le Prisunic du 52 Champs-Élysées sont ouverts jusqu'à minuit. Boulevard des Batignolles toujours, au 55 et au 82, des épiceries servent jusqu'au petit matin.
Pour trouver un restaurant ouvert toute la nuit, allez aux Halles, rue de la Coquillère. Si un croissant vous suffit, Salem, 20 boulevard de Clichy ou la boulangerie du 10 rue de l'Ancienne-Comédie (Odéon) sont ouverts tard. Vous pouvez trouver, en pleine nuit, des livres : La Hune, 170 boulevard Saint-Germain, Marais Plus, 20 rue des Francs-Bourgeois, le Marché Saint-André, 40 rue St-André-des-Arts, des disques : Virgin ou Champs-Disques sur les Champs-Élysées.
Une pharmacie est toujours ouverte, galerie des Champs-Élysées.

Dernière minute
Un complexe pour vous, au métro Richelieu-Drouot, avec consoles vidéo, jeux de toutes sortes, simulateurs de navettes spatiales, c'est le magasin Séga, boulevard Montmartre.

Quelques citations
« Toujours Paris s'écrie et gronde.
Nul ne sait, question profonde,
Ce que perdrait le bruit du monde
Le jour où Paris se tairait ! »
(Hugo, *Les Voix intérieures*).

« J'aime tendrement Paris jusqu'à ses verrues et ses taches ; je ne suis Français que par cette grande cité, grande en peuples, grande en félicité de son assiette ; la gloire de la France et l'un des plus nobles ornements du monde. » (Montaigne, *Essais*).

« En vain contre le Cid un ministre se ligue :
Tout Paris pour Chimène a les yeux de Rodrigue. » (Boileau, *Satire IX*).

« Le peuple à Paris n'est pas comme ailleurs : en d'autres endroits, vous le verrez quelquefois commencer par être méchant, et puis finir par être humain. Se querelle-t-on, il excite, il anime ;

veut-on se battre, il sépare. En d'autres pays, il laisse faire, parce qu'il continue d'être méchant. Celui de Paris n'est pas de même; il est moins canaille, et plus peuple que les autres peuples. »
(Marivaux, *La Vie de Marianne*).

« Paris est peut-être la ville du monde la plus sensuelle et où l'on raffine le plus sur les plaisirs; mais c'est peut-être celle où l'on mène une vie plus dure. Pour qu'un homme vive délicieusement, il faut que cent autres travaillent sans relâche. »
(Montesquieu, *Lettres persanes*).

« Paris, cette ville immense pleine d'un peuple oisif qui veut juger de tout, et qui a tant d'oreilles et tant de langues avec si peu d'yeux, un peuple si mauvais estimateur du mérite, et dont cependant on ambitionne les louanges. » (Voltaire).

« Montmartre, Belleville, ô légions vaillantes,
Venez, c'est l'heure d'en finir.
Debout! la honte est lourde et pesantes les chaînes,
Debout! il est beau de mourir! »
(Louise Michel, *La Commune*, 1830-1905).

« A Paris, dit-on, c'est l'usage;
On s'moque des provinciaux,
Tout c'qui n'est pas du grand village,
Passe à Paris pour êt'des sots. »
(Mercier Dupaty, 1775-1851).

« Il me semble qu'on fait plus de plaisanteries à Paris pendant une seule soirée que dans toute l'Allemagne en un mois. »(Stendhal).

« Paris est un véritable océan. Jetez-y la sonde, vous n'en connaîtrez jamais la profondeur. Parcourez-le, décrivez-le ! Quelque soin que vous mettiez à le parcourir, à le décrire, quelque nombreux et intéressés que soient les explorateurs de cette mer, il s'y rencontrera toujours un lieu vierge, un antre inconnu, des fleurs, des perles, des monstres, quelque chose d'inouï, oublié par les plongeurs littéraires. »
(Balzac, *Le Père Goriot*).

« Aucun peuple du monde [les Parisiens] n'a eu des yeux plus voraces. »
(Balzac, *Ferragus*).

« Respirer Paris, cela conserve l'âme. »
Victor Hugo (*Les Misérables*).

« L'aurore grelottante en robe rose et verte
S'avançait lentement sur la Seine déserte,
Et le sombre Paris, en se frottant les yeux,
Empoignait ses outils, vieillard laborieux. »
(Baudelaire).

« Versailles est un faubourg de Paris et pourtant ce n'est plus Paris. Tout est là. Être ou ne pas être Paris. »
(Rimbaud).

« Quand Paris se sent morveux, c'est la France tout entière qui se mouche. »
(Marcel Aymé).

« Nos pères avaient un Paris de pierre, nos fils auront un Paris de plâtre. »
(Victor Hugo, *Notre-Dame de Paris*).

Index

Le numéro de renvoi correspond à la double page.

Lieux, quartiers

Monuments, musées

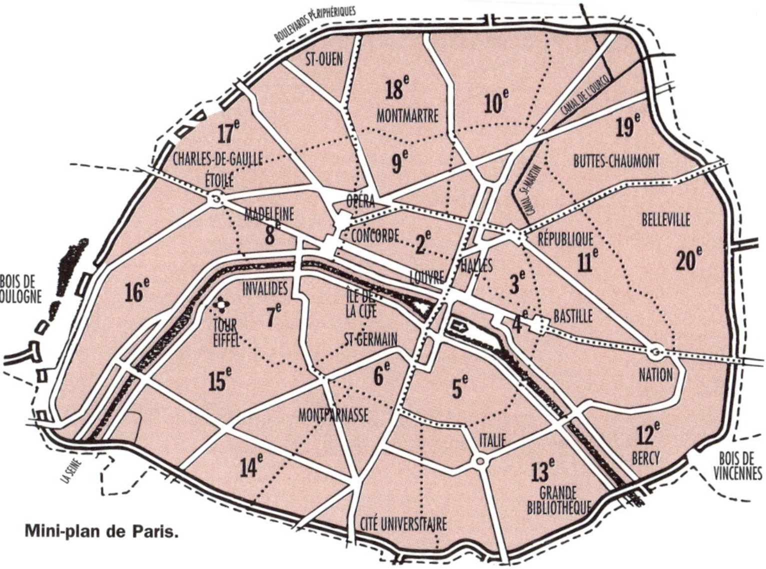

Mini-plan de Paris.

Dans la même collection :

Responsable éditorial : Bernard Garaude
Directeur de collection – édition : Dominique Auzel
Secrétariat d'édition : Sylviane Baudois, Véronique Sucère
Correction – révision : Jacques Devert
Lecture – collaboration : Pierre Casanova
Iconographie : Sandrine Guillemard
Fabrication : Isabelle Gaudon, Hélène Zanolla
Conception graphique : Bruno Douin
Couverture : Olivier Huette
Maquette – infographie : Jean-Paul René
Illustrations : Jacques Azam

Crédit photos :

Roger-Viollet : pp. 3, 4, 8, 10, 13, 14, 15 / S. Sarrens : pp. 5, 7, 9, 16, 17, 18, 19, 21, 22, 23, 26, 27, 28, 29, 30, 33, 34, 35, 36, 37, 38, 39, 40, 41, 42, 43, 44, 45, 49, 50, 51, 53, 54, 55, 57 / G. Dhôtel : pp. 6, 13, 17, 20, 25, 31, 32 / Cinémathèque de Toulouse : p. 52

Aubin Imprimeur, 86240 Ligugé. — D.L. décembre 1995. — Impr. P 50814